Wolfgang Link

Low-Carb vegetarisch

40 vegetarische Rezepte ohne Fisch
und Fleisch

Inhalt

Rezepte

Low-Carb genießen – ohne Fisch und Fleisch

Low-Carb liegt im Trend. Viele haben inzwischen für sich erkannt, dass zu viele Kohlenhydrate hungrig, müde, schlapp und auf Dauer auch dick und krank machen und welche Vorteile eine bewusste Kohlenhydratreduzierung bietet.

Aber was ist, wenn man aus ethischen, religiösen, ökologischen oder gesundheitlichen Gründen auch den Fleisch- und Fischverzehr einschränken oder sogar ganz darauf verzichten möchte? Ist bei einer Low-Carb-Ernährung auch dann eine ausreichende Versorgung mit allen lebensnotwendigen Nährstoffen sichergestellt? Und schmeckt es dann überhaupt noch?

Wir sagen zweifach »Ja!« und zeigen Ihnen in diesem Ratgeber, wie Sie mit der Kombination dieser beiden Ernährungsweisen – Low-Carb und ovo-lacto-vegetabil – bestens mit allem versorgt sind, was Ihr Körper braucht, und gleichzeitig genussvoll schlemmen können.

DIE DEVISE: Fleisch und Fisch nicht einfach weglassen, sondern sinnvoll ersetzen!

Info: In Deutschland gibt es inzwischen rund sieben Millionen Vegetarier. Die meisten von ihnen sind Ovo-Lacto-Vegetarier, d. h. sie essen kein Fleisch, Geflügel und Fisch, ergänzen ihren täglichen Speiseplan jedoch mit Eiern, Milch und Milchprodukten. Daneben gibt es noch diejenigen, die zusätzlich auf Eier verzichten (Lacto-Vegetarier) und diejenigen, die zwar Eier essen, aber keine Milch und Milcherzeugnisse (Ovo-Vegetarier). Etwa 900.000 Deutsche verzichten gänzlich auf Nahrungsmittel tierischer Herkunft und ernähren sich vegan.

Low-Carb

Der Begriff Low-Carb (aus dem Englischen von low = niedrig und carb als Abkürzung von carbohydrates = Kohlenhydrate) steht für die bewusste Reduzierung von Kohlenhydraten. Diese Einschränkung gilt insbesondere für zucker- und stärkehaltige Nahrungsmittel wie Brot, Brötchen, Kartoffeln, Nudeln, Reis, Süßigkeiten, Kuchen und süße Getränke.

Die Kohlenhydrate, die wir essen, lassen unseren Blutzucker ansteigen. Das veranlasst die Bauchspeicheldrüse, das blutzuckersenkende Hormon Insulin auszuschütten. Je mehr Kohlenhydrate wir essen und je schneller der Blutzuckerspiegel dabei ansteigt (etwa nach einem üppigen Nudelgericht, Marmeladenbrötchen oder einer Tüte Gummibärchen), umso mehr Insulin wird benötigt, um den Blutzucker wieder auf ein normales Niveau zu senken. Rauscht der Blutzuckerspiegel rasch nach unten, macht sich schnell ein Heißhungergefühl bemerkbar, das bevorzugt mit weiteren Kohlenhydraten bekämpft wird. So kommen schnell mehr Kalorien zusammen, als verbraucht werden – besonders dann, wenn es an Bewegung mangelt. Die überflüssige Energie wird in Form von Fett gespeichert und lässt unsere »Rettungsringe« wachsen. Und die werden wir mit einer kohlenhydratbetonten Ernährung leider auch so schnell nicht wieder los: Hohe Insulinspiegel fördern die Speicherung von Fett und hemmen gleichzeitig die Fettverbrennung.

Mit einer Reduzierung der Kohlenhydrate lässt sich dieser Kreislauf einfach und wirkungsvoll durchbrechen. Davon profitieren vor allem Menschen mit Übergewicht, Stoffwechselstörungen und daraus resultierenden Erkrankungen. Doch auch für alle anderen ist diese gesunde Art, sich zu ernähren, bestens geeignet.

Low-Carb → LOGI

Die LOGI-Methode gehört mit einer Verzehrsempfehlung von 80 bis 130 Gramm Kohlenhydraten pro Tag zu den moderaten Formen der Low-Carb-Ernährung. LOGI ist die Abkürzung für »Low Glycemic and Insulinemic Diet«. Mit der LOGI-Ernährung bleiben Blutzucker- und Insulinspiegel niedrig. So werden Heißhungerattacken vermieden, wird die Fettverbrennung gefördert und die Fettspeicherung gehemmt. Wasser-, ballaststoff- und eiweißreiche Lebensmittel sorgen für eine lang anhaltende Sättigung; das begrenzt die Kalorienzufuhr ganz automatisch. Wer satt ist, greift nicht so schnell zum nächsten Snack. Hochwertige Fette und Öle liefern wichtige Fettsäuren und sorgen außerdem für einen guten Geschmack. Praktisch ausgedrückt sind Gemüse, Salate und Pilze gemeinsam mit hochwertigen Fetten und Ölen die Basis der LOGI-Ernährung.

Hinzu kommen zuckerarme Obstarten sowie wichtige Eiweißlieferanten wie Eier, Fleisch, Fisch, Milch und Milchprodukte, Hülsenfrüchte und Nüsse. Brot, Kartoffeln oder Nudeln und auch mal ein Stückchen Kuchen oder Schokolade – darauf müssen Sie nicht gänzlich verzichten, wenn Sie sich LOGIsch ernähren und Ihre Kohlenhydrataufnahme einschränken. Auch sie haben bei LOGI einen Platz – allerdings maßvoll und eher selten.

Mit LOGI entlasten Sie Ihren Stoffwechsel, verbessern Ihre Blutwerte und beugen Krankheiten vor. Und das Beste ist: Die positiven Effekte treten unabhängig von einer Gewichtsreduktion auf! Aber auch Abnehmen funktioniert mit LOGI bestens: einfach, nachhaltig und gleichzeitig genussvoll.

Mit der LOGI-Pyramide finden Sie ganz schnell heraus, welche Lebensmittel Sie in welchen Mengen für Ihre LOGIsche Speiseplangestaltung auswählen und miteinander kombinieren können. Sie lässt sich – mit geringen Einschränkungen – auch bestens bei einer ovo-lacto-vegetabilen Ernährung anwenden.

Die LOGI-Pyramide in der ovo-lacto-vegetabilen Version

Grundsätzlich kann die LOGI-Pyramide im Rahmen einer ovo-lacto-vegetabilen LOGI-Ernährung genauso eingesetzt werden wie bei einer LOGI-Mischkost. Einzige Ausnahme bilden die Eiweißträger auf Stufe 2 der LOGI-Pyramide.

Hier gilt es, die Eiweißlieferanten Fisch und Fleisch durch Eier, Milch und Milchprodukte, aber auch Hülsenfrüchte, Sojaprodukte (z. B. Tofu) oder Nüsse zu ersetzen.

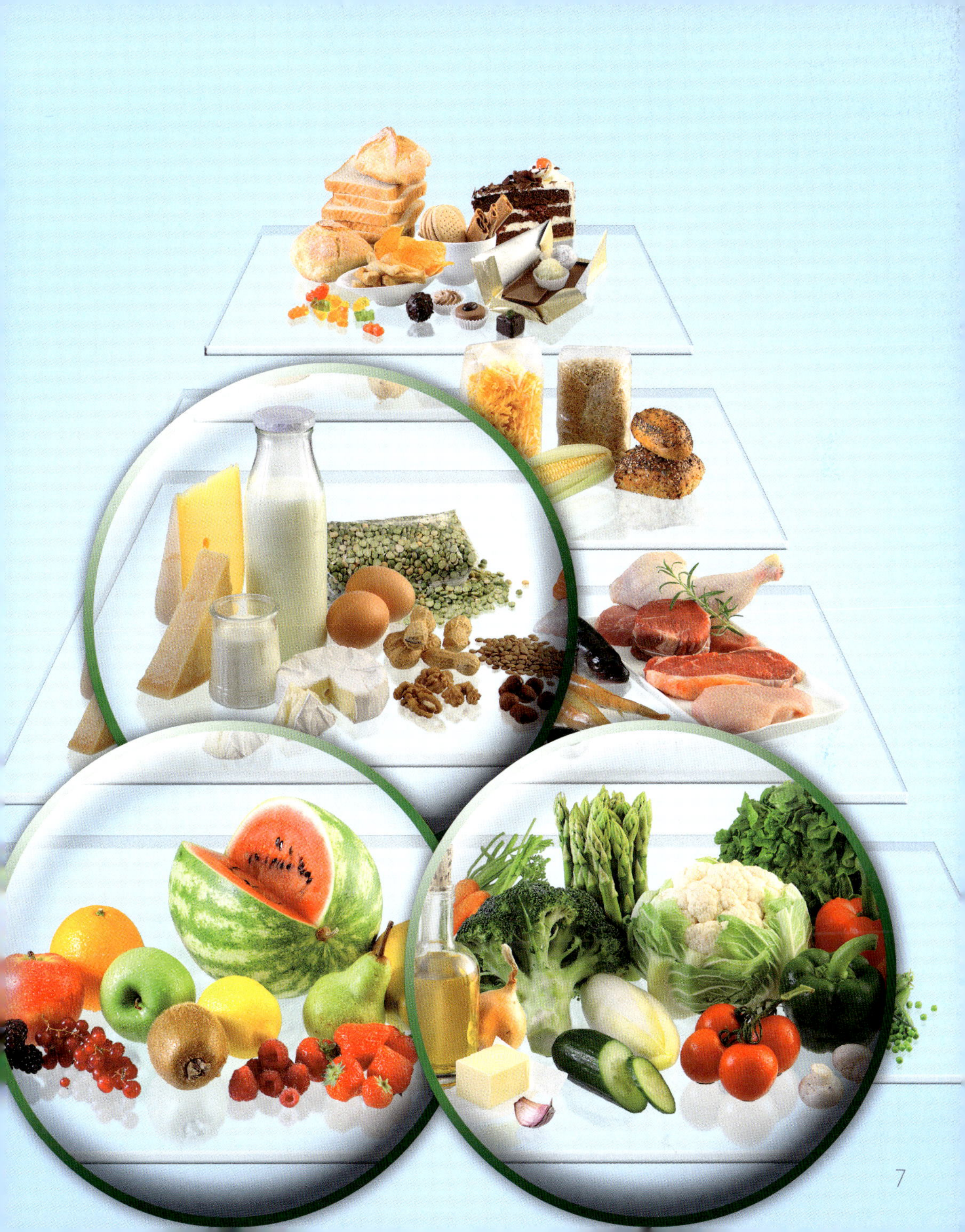

Nicht nur weglassen, sondern sinnvoll ersetzen!

Vegetarier sind nicht so häufig übergewichtig wie der Durchschnitt der Bevölkerung. Sie haben weniger Risikofaktoren, die die Entstehung von Zivilisationserkrankungen begünstigen, erkranken dementsprechend auch seltener an Diabetes, Herz-Kreislauf-Krankheiten oder Krebs und haben eine höhere Lebenserwartung. Diese positiven Aspekte allein auf den Verzicht auf Fleisch und Fisch zurückzuführen wäre jedoch zu kurz gedacht.

Vielmehr pflegen die meisten Vegetarier einen gesünderen Lebensstil als das Gros der Bevölkerung: Sie bewegen sich mehr, rauchen und trinken selten(er) oder gar nicht und tun einiges zur Stressbewältigung und Entspannung. Menschen, die sich zwar ohne Fleisch und Fisch ernähren, aber ansonsten ungesund leben, haben auch keinen nennenswerten Gesundheitsvorteil gegenüber Mischköstlern. Und nicht zu vergessen: Eine vegetarische Ernährung ist nicht automatisch ausgewogen und gesund. Wer als Alternative zu Fleisch und Fisch reichlich Brot, Kartoffeln, Nudelgerichte, vegetarische Fertiggerichte oder Mehlspeisen verputzt, läuft Gefahr, Opfer der Kohlenhydratfalle zu werden – mit allen damit verbundenen Risiken, von der steigenden Gewichtskurve bis hin zu massiven Stoffwechselstörungen und Erkrankungen.

Überlassen Sie nichts dem Zufall!

Eine gezielte und vielseitige Lebensmittelauswahl, für die die LOGI-Pyramide ein guter, einfacher und vor allem praktischer Wegweiser ist, sichert die bedarfsdeckende Versorgung mit allen notwendigen Nährstoffen – auch was potenzielle »Mangelkandidaten« bei einer vegetarischen Ernährung betrifft.

Eiweiß in ausreichender Menge und Qualität

Ohne Eiweiß geht es nicht! Es ist die Grundsubstanz unserer Zellen, sorgt für deren Aufbau und Reparatur und wird für viele weitere lebensnotwendige Prozesse im Körper benötigt, etwa die Bildung von Enzymen und Hormonen, als Transportmittel oder bei der Immunabwehr.

Als Ovo-Lacto-Vegetarier steht Ihnen auch ohne Fleisch und Fisch eine breite Auswahl hochwertiger Eiweißlieferanten zur Verfügung: Auf tierischer Seite sind das Eier, Milch und Milcherzeugnisse, aus der Pflanzenwelt tragen Hülsenfrüchte, Sojaprodukte (hier Bio-Qualität bevorzugen!), Nüsse und Samen zur Eiweißversorgung bei. Auch die beiden Pseudogetreide Amaranth und Quinoa enthalten reichlich Eiweiß und bringen Abwechslung in den Speiseplan. Aber Achtung: Beachten Sie dabei deren Kohlenhydratgehalt! Bei kleinen Portionen und in Kombination mit reichlich Gemüse, Salaten & Co. bleibt die Kohlenhydratdichte (Kohlenhydratmenge pro 100 Gramm) jedoch im niedrigen Bereich.

Ganz wichtig für die optimale Eiweißversorgung: Die Abwechslung macht's! Wählen Sie zur bestmöglichen Deckung Ihres Bedarfs an essenziellen Aminosäuren täglich mehrere unterschiedliche Eiweißlieferanten, z. B. einen Beerenquark mit Nüssen zum Frühstück, die Gemüsezwiebel mit Kichererbsenfüllung von Seite 34 als Mittagsmahlzeit und den gegrillten Fetakäse von Seite 30 zum Abendessen.

So kommen Sie bei den Omega-3-Fettsäuren auf Ihre Kosten

Eine Mangelversorgung mit Omega-3-Fettsäuren erhöht das Risiko für zahlreiche Zivilisationskrankheiten. Im Allgemeinen wird zur Deckung des Bedarfs an erster Stelle der Verzehr von fettem Seefisch empfohlen, aber der entfällt ja in diesem Fall. Wichtige pflanzliche Quellen für Omega-3-Fettsäuren sind Leinöl, Hanföl oder Walnussöl. Diese sollten Sie allerdings ausschließlich in der kalten Küche verwenden, beispielsweise für Salate oder in einem Kräuterquark. Sie bieten ein optimales Verhältnis von Omega-3- zu Omega-6-Fettsäuren. Bei diesem Aspekt können auch Rapsöl und

Olivenöl punkten. Sie enthalten zudem einen hohen Anteil an einfach ungesättigten Fettsäuren und eignen sich daher auch für die warme Küche. Übrigens: Auch Leinsamen und Walnüsse sollten als gute Quellen für Omega-3-Fettsäuren nicht auf Ihrem Speiseplan fehlen.

Unter die Lupe genommen: Die Vitamine B$_2$, B$_{12}$ und D

Ausreichende Versorgung mit **Vitamin B$_2$?** Für Ovo-Lacto-Vegetarier kein Problem. Hier tragen u.a. Eier, Camembert und Edamer, Mandeln und Haselnüsse, Kürbiskerne, Champignons oder Brokkoli zu einer angemessene Zufuhr bei. Wer auf Fleisch und Fisch verzichtet, aber tierische Nahrungsmittel wie Milch, Käse und Eier isst, hat auch Lebensmittel mit **Vitamin B$_{12}$** auf dem Speiseplan, das generell nur in tierischen Produkten vorkommt. Camembert, Emmentaler, Hühnereier und Gouda gehören bei einer fleisch- und fischfreien Ernährung zu den Lebensmitteln mit dem höchsten Vitamin-B$_{12}$-Gehalt. Milch und Joghurt enthalten eher geringere Mengen davon. **Vitamin D** wird nur zu einem sehr geringen Anteil über die Nahrung aufgenommen. Dafür kämen am ehesten fette Seefische in Betracht. Also nichts für die vegetarische Ernährung. Viel entscheidender ist eh der regelmäßige Aufenthalt im Freien bei einem entsprechenden Sonnenstand, der in unseren Breitengraden allerdings nur begrenzt vorkommt. Daher sollte nicht nur bei Vegetariern über eine Einnahme von ergänzenden Vitamin-D-Präparaten nachgedacht werden.

Ebenfalls im Visier: Kalzium, Eisen, Zink und Jod

Der regelmäßige Verzehr von Milch und Milchprodukten im Rahmen einer ovo-lacto-vegetabilen Ernährung macht einen **Kalzium**mangel sehr unwahrscheinlich. Pflanzliche Lieferanten sind u.a. Sesam, Mandeln, Tofu, Haselnüsse, Grünkohl, Spinat oder Rucola, doch kann das darin enthaltene **Kalzium** deutlich schlechter verwertet werden als das aus tierischen Quellen. Bei **Eisen** und **Zink** lässt sich die schlechtere Aufnahmefähigkeit aus pflanzlichen Lebensmitteln erheblich verbessern, wenn Sie gleichzeitig Lebensmittel mit einem hohen Vitamin-C-Gehalt (z.B. Paprika, verschiedene Kohlarten oder schwarze Johannisbeeren) essen oder solche, die organische Säuren enthalten (z.B. Beerenobst oder Sauerkraut). Wichtige Eisenlieferanten sind beispielsweise Hülsenfrüchte, Vollkornprodukte, Amaranth, Kürbiskerne und Sesam, Spinat, Schwarzwurzeln, Fenchel, Pfirsiche und Aprikosen. Bei der Versorgung mit **Zink** ist Käse eine gute Quelle. Aber auch Hülsenfrüchte, Nüsse und Kürbiskerne tragen dazu bei. Die Frage nach einer optimalen **Jod**versorgung betrifft nicht nur Vegetarier. Die Empfehlung von Jodsalz macht hier besonders

Sinn, da wichtige Jodlieferanten wie Fisch, Meeresfrüchte und Schalentiere entfallen. Bei der Low-Carb/LOGI-Ernährung finden Sie alle diese Lieferanten für Makro- und Mikronährstoffe, die für eine ausgewogene fleisch- und fischlose Ernährung wichtig sind. Mit der LOGIsch-vegetarischen Kombination sind Sie also bestens versorgt!

Vegetarische Ernährung bei Kindern

Eine vegetarische Kost mit Milch, Milchprodukten und Eiern ist auch bei Kindern eher unproblematisch. Sie haben jedoch – bezogen auf das Körpergewicht – einen höheren Bedarf an Eisen und Vitamin B_{12}. Achten Sie bei der Verpflegung Ihrer Kinder daher besonders auf die Versorgung mit diesen beiden Mikrosubstanzen.

Gut, immer etwas im Haus zu haben!

Auch wenn sich die Ladenöffnungszeiten inzwischen erheblich verlängert haben, kann sich eine gewisse Vorratshaltung durchaus lohnen. So sind Sie auch dann für ein vegetarisches Low-Carb-Gericht gerüstet, wenn Sie mal keine Gelegenheit oder Lust zum Einkaufen haben oder sich spontan Besuch ankündigt. Wir haben eine kleine Grundausstattung zusammengestellt, die Sie ganz nach Ihren persönlichen Vorlieben ändern oder ergänzen können.

- **Konserven:** Kidneybohnen, Sauerkraut, Oliven, geschälte Tomaten, Tomatenmark

- **Trockenprodukte:** getrocknete Hülsenfrüchte, Nüsse, Sesam, Kürbiskerne, Kichererbsen-, Soja- oder Kokosmehl, getrocknete Tomaten

- **Tiefkühlprodute:** Brokkoli, Spinat, Pilze, Spargel, Kräuter, Beeren

- **Fette:** Ein oder zwei Öle zum Kochen und Braten, ein oder zwei Öle für die kalte Küche

- **Würzmittel:** klassische und häufig verwendete Gewürze, Balsamicoessig, Gemüsebrühe, Senf, Currypaste

- **Frischwaren:** Eier, Parmesan, Tofu, Milch, Crème fraîche, Butter

Konserven und Gläser

Theoretisch sind Konserven nahezu unbegrenzt haltbar; als Mindesthaltbarkeit von Vollkonserven werden etwa 18 Monate angegeben. Gewölbte Dosen oder Gläser, bei denen der Vakuumverschluss nicht mehr dicht ist, gehören allerdings in den Müll. Hier droht die Gefahr gefährlicher Keime. Auch eingedrückte oder verbeulte Konserven sollten Sie am besten wegwerfen. Sie können an Knickstellen leicht durchrosten. Die Haltbarkeit des Inhalts ist dann nicht länger gewährleistet. Vollkonserven und Gläser brauchen keine Kühlung. Sie lassen sich gut im Vorratsschrank aufbewahren.

Trockenprodukte

Getrocknete Lebensmittel sind aufgrund ihres geringen Wassergehaltes etwa ein bis zwei Jahre haltbar, vorausgesetzt, sie werden trocken, kühl, luftdicht und dunkel gelagert.

Tiefkühlware

Tiefgekühltes Gemüse und Obst wird unmittelbar nach der Ernte schockgefroren. Wertvolle Vitamine bleiben dadurch erhalten. So können Sie zu jeder Jahreszeit nahezu jedes Obst und Gemüse frisch auf dem Tisch bringen. Tiefkühlkost wird bei -18 °C eingelagert und hält sich bis zu zwölf Monate.

Öle

Wie lange Öle in verschlossenem und geöffnetem Zustand haltbar sind, hängt stark von der Fettzusammensetzung ab. Je höher der Anteil an mehrfach ungesättigten Fettsäuren, desto empfindlicher sind die Öle. Kaufen Sie daher besonders von Ölen, die reich an Omega-3-Fettsäuren sind (z. B. Leinöl, Hanf- oder Walnussöl) nur kleine Mengen in dunklen Behältnissen, bewahren Sie diese nach Anbruch der Flasche verschlossen im Kühlschrank auf und verbrauchen Sie sie innerhalb weniger Wochen. Ungeöffnet beträgt die Haltbarkeit rund sechs Monate, beim hochempfindlichen Leinöl eher etwas weniger.

Würzmittel

Unzerkleinerte Gewürze (z. B. Muskatnuss, Zimt) halten generell länger als gemahlene; vor Licht, Luft und Feuchtigkeit geschützt zum Teil mehrere Jahre. Zerkleinerte/gemahlene Gewürze verlieren, wenn sie nicht vor Luft und Licht geschützt werden, bereits nach wenigen Monaten ihre ursprüngliche Würzkraft. Empfehlenswert sind Gewürzdosen oder -gläser mit luftdichtem Verschluss. Gewürzpasten sind ungeöffnet bis zu zwölf Monate haltbar (siehe auch Mindesthaltbarkeitsdatum). Geöffnet können Senf, Curry- und Brühpasten leicht austrocknen oder vereinzelt auch schimmeln. Daher sollten Sie einmal angebrochene Produkte sehr gut wieder verschließen, im Kühlschrank aufbewahren und innerhalb von etwa vier Wochen verbrauchen.

Frische Lebensmittel

Eier sind Haltbarkeitskünstler: Im Eiklar schwimmen antibakterielle Stoffe, die das Ei frisch halten. Bis zu 28 Tage nach dem Legedatum sind rohe Eier für den Verzehr geeignet. Im Kühlschrank aufgehoben bleiben sie bis zu viermal so lange frisch wie bei Zimmertemperatur. Milchprodukte mögen es dunkel und kühl. Bei richtiger Lagerung lässt sich ihre Haltbarkeit und Frische maximal ausschöpfen. Sie sollten jedoch auf dem kürzesten Weg vom Supermarkt in den Kühlschrank gelangen.

TIPP: In vielen Regionen werden Kisten mit Gemüse, Obst und Kräutern aus biologischem Anbau angeboten und frei Haus geliefert. So sparen Sie sich den Einkauf und haben dennoch immer frische Produkte im Haus – Abwechslung garantiert!

Und jetzt geht es ans Ausprobieren und Genießen der köstlichen vegetarischen Low-Carb-Gerichte aus dem Rezeptteil.

Lassen Sie es sich schmecken!

Artischockenquiche

Für 4 Personen
Zubereitungszeit: 25 Minuten

- 500 g Artischockenherzen (Dose, Abtropfgewicht)
- 2 rote Zwiebeln
- 2 Knoblauchzehen
- 200 g Kirschtomaten
- 6 Eier (Größe L)
- 150 ml Milch (3,5 % Fett)
- 1 EL Tomatenmark
- 2 EL Olivenöl
- 200 g Fetakäse
- Muskat, Salz und Pfeffer aus der Mühle nach Geschmack

1 Portion (ca. 385 g): 410 kcal, 24,4 g Eiweiß (25,2 E%), 27,7 g Fett (65,2 E%), 9,2 g Kohlenhydrate (9,6 E%)

01 Artischockenherzen in einem Sieb abtropfen lassen und vierteln. Zwiebeln und Knoblauch schälen und in feine Würfel schneiden. Kirschtomaten waschen und halbieren.

02 Die Eier mit Milch, Salz, Pfeffer, Muskat und Tomatenmark verquirlen.

03 Das Olivenöl in einer beschichteten Pfanne erhitzen und darin die Zwiebeln zusammen mit dem Knoblauch und den Artischocken ca. 2–3 Minuten anbraten.

04 Die Tomaten und die Eimasse dazugeben und alles verrühren. Anschließend die Quiche abdecken und bei reduzierter Hitze ca. 6–8 Minuten stocken lassen. Zwischenzeitlich den Fetakäse zerbröseln.

05 Die Quiche in der Pfanne vorsichtig wenden und mit dem Fetakäse bestreuen. Vor dem Servieren in vier gleich große Stücke teilen und mit grobem Pfeffer bestreuen.

TIPP: Anstelle von Fetakäse können Sie auch körnigen Ziegenfrischkäse oder zerbröckelten Blauschimmelkäse verwenden.

Italienische »Melanzane« – Auberginengratin mit Mozzarella

Für 4 Personen
Zubereitungszeit: 40 Minuten

- 600 g Auberginen
- 200 g Zucchini
- 250 g Mozzarella
- 2 Knoblauchzehen
- 5 g Oregano (getrocknet, ca. 3 EL)
- 1 große Dose stückige Tomaten (ca. 500 g)
- 100 g Hartkäse (z. B. Pecorino)
- 200 g Schmand (20 % F. i. Tr.)
- ½ Bund Basilikum
- Salz, Pfeffer und Muskat nach Geschmack

1 Portion (ca. 430 g): 410 kcal, 23,2 g Eiweiß (22,3 E%), 31,3 g Fett (68,2 E%), 9,9 g Kohlenhydrate (9,5 E%)

01   Auberginen und Zucchini waschen, Enden abschneiden und das Gemüse jeweils längs in ca. 1 cm dicke Scheiben zerkleinern. Den Mozzarella in dünne Scheiben schneiden.

02   Die Knoblauchzehen schälen, fein würfeln und zusammen mit dem Oregano, einer Prise Salz und etwas Pfeffer in die stückigen Tomaten rühren. Den Hartkäse fein reiben.

03   Backofen auf 180° Umluft vorheizen.

04   Auberginen, Zucchini, Tomatensugo und Mozzarella abwechselnd in eine Auflaufform schichten. Jede Schicht mit Salz, Pfeffer und Muskat würzen. Die letzte Schicht mit Schmand bestreichen, und anschließend den geriebenen Hartkäse darüberstreuen.

05   Das Gratin im Backofen (Mitte) 20–25 Minuten backen.

06   In der Zwischenzeit Basilikum waschen und die Blätter abzupfen.

07   Das Gratin portionieren, auf Tellern anrichten und mit den Basilikumblättchen garnieren.

TIPP: Bleibt vom Basilikum etwas übrig, kann man die Blätter trocknen und sie als Tee hilfreich bei Rachenentzündung, Völlegefühl und Blähungen einsetzen. Dazu 2 gehäufte Teelöffel getrockneten Basilikum mit 1 Tasse kochendem Wasser übergießen. 10 Minuten zugedeckt ziehen lassen, abseihen und 2- bis 3-mal täglich trinken oder damit gurgeln.

Gebratene Avocado mit Ziegenfrischkäse

Für 4 Personen
Zubereitungszeit: 15 Minuten

- 4 reife Avocados (Stück à 250 g)
- 40 g Sesam
- 1 rote Paprika
- 150 g Ziegenfrischkäse
- 40 g gemahlene Haselnüsse
- 2 EL Olivenöl
- 1 Eisbergsalat
- Saft von ½ Zitrone
- Salz und Pfeffer nach Geschmack

1 Portion (ca. 365 g): 510 kcal, 11,3 g Eiweiß (8,8 E%), 45,5 g Fett (80,6 E%), 13,5 g Kohlenhydrate (10,6 E%)

01　Die Avocados halbieren, den Kern entfernen und die Frucht vorsichtig schälen. Die Avocadohälften von beiden Seiten mit Salz und Pfeffer würzen.

02　Sesam in einer heißen Pfanne ohne Fett ca. 2–3 Minuten anrösten. Paprika halbieren, entkernen, waschen und in feine Würfel schneiden.

03　Den Ziegenkäse zusammen mit dem Sesam und den Paprikawürfeln vermischen und in die Aushöhlungen der Avocadohälften füllen und glatt streichen.

04　Anschließend die Avocadohälften mit der gefüllten Seite in die gemahlenen Haselnüsse drücken.

05　Das Olivenöl in einer Pfanne erhitzen. Die Avocados mit der Haselnussseite hineinlegen und ca. 1 Minute braten.

06　In der Zwischenzeit den Eisbergsalat halbieren, vom Strunk befreien, waschen, trocken schütteln und in grobe Blätter zupfen.

07　Zum Servieren die Eisbergsalatblätter auf Tellern anrichten, die gebratenen Avocados darauf anrichten und mit Zitronensaft beträufeln.

TIPP: Anstelle des Ziegenfrischkäses können Sie auch normalen Frischkäse verwenden.

Bunte Amaranth-Gemüse-Pfanne

Für 4 Portionen
Zubereitungszeit: 50 Minuten

- 120 g Amaranth
- 300 g Egerlinge
- 300 g Möhren
- 500 g frischer Spargel
- 3 Knoblauchzehen
- 2 gelbe Paprika
- 4 EL Kokosöl
- 200 ml Gemüsebrühe
- 2 EL Sojasauce
- ½ Bund frischer Kerbel
- 4 EL Crème fraîche
- Salz und Pfeffer nach Geschmack

1 Portion (ca. 410 g): 280 kcal, 11,6 g Eiweiß (16,8 E%), 11,22 g Fett (35,7 E%), 33 g Kohlenhydrate (47,5 E%)

01 Amaranth in 1 l kochendem Salzwasser etwa 25–30 Minuten leicht köcheln lassen. Anschließend in einem feinen Sieb abgießen und unter fließend kaltem Wasser abschrecken.

02 In Zwischenzeit die Egerlinge kurz unter fließendem Wasser waschen, Stielansatz entfernen und die Pilze anschließend vierteln. Möhren schälen und mit einem Gemüsehobel in Stifte zerkleinern. Die Spargelstangen waschen, schälen, die holzigen Enden entfernen (etwa 1–2 cm), den Spargel schräg in ca. 4–5 cm lange Stücke schneiden und in 2 l kochendem Salzwasser etwa 2–3 Minuten blanchieren.

03 Anschließend den Spargel abgießen und unter fließendem kaltem Wasser abschrecken. Knoblauch schälen und fein würfeln. Paprikaschoten halbieren, entkernen, waschen und das Fruchtfleisch fein würfeln.

04 Kokosöl in einer Pfanne erhitzen und den Paprika zusammen mit dem Knoblauch ca. 1–2 Minuten darin anschwitzen. Den abgetropften Spargel, die Egerlinge und die Möhrenstifte ebenfalls in die Pfanne geben und unter Rühren weitere 2–3 Minuten mitbraten.

05 Das Gemüse in der Pfanne mit Gemüsebrühe und Sojasauce angießen und aufkochen lassen. Amaranth hinzufügen und alles weitere 3 Minuten fertig garen. Mit Salz und Pfeffer abschmecken.

06 In der Zwischenzeit den Kerbel waschen, entstielen und grob hacken. Zum Servieren die Amaranthpfanne auf Tellern anrichten, mit jeweils 1 EL Crème fraîche als Topping versehen und mit dem Kerbel garnieren.

TIPP: Amaranth enthält viele essenziellen Aminosäuren und verfügt insgesamt über einen Proteingehalt von etwa 15 bis 18 % – einen Wert, den keine der herkömmlichen Getreidesorten erreicht. Daher eignet sich Amaranth auch als ergänzende Eiweißkomponente bei anderen Gerichten.

»Beeriger« Römersalat

Für 4 Personen
Zubereitungszeit: 15 Minuten

- 4 Köpfe Römersalat (ca. 400 g)
- 2 Salatgurken
- 200 g Erdbeeren
- 200 g Himbeeren
- 1 Schale frische Kresse
- 100 g Joghurt (3,5 % Fett)
- 2 TL Senf
- 2 EL Mayonnaise
- 1 EL Aceto balsamico (hell)
- 1 EL Rapsöl
- 5 EL Rote-Bete-Saft
- Salz und Pfeffer nach Geschmack

1 Portion (ca. 460 g): 180 kcal, 5,2 g Eiweiß (12,2 E%), 10,8 g Fett (56,6 E%), 13,8 g Kohlenhydrate (32,2 E%)

01   Römersalat putzen, waschen und in mundgerechte Stücke schneiden. Die Gurken schälen und in dünne Scheiben schneiden. Erdbeeren waschen, putzen und vierteln. Himbeeren verlesen.

02   Kresse mit einer Schere abschneiden.

03   Für das Dressing Joghurt, Senf, Mayonnaise, Balsamicoessig, Öl und Rote-Bete-Saft kräftig verquirlen. Mit Salz und Pfeffer abschmecken.

04   Kurz vor dem Servieren alle Zutaten in einer großen Schüssel vorsichtig mit dem Dressing mischen.

TIPP: Mayonnaise lässt sich relativ einfach selbst herstellen.

UND SO WIRD'S GEMACHT: Sie benötigen 1 Eigelb, ½ TL Dijon-Senf, 100 ml Öl (z. B. Rapsöl) 1 TL Zitronensaft (oder Essig), Salz und Pfeffer. Alle Zutaten sollten vor der Zubereitung dieselbe Temperatur haben. In einem hohen Gefäß Eigelb und Senf mit einem Stabmixer gut verrühren. Öl in einem sehr dünnen Strahl dazugießen. Die Zugabe des Öls immer wieder unterbrechen und weitermixen, bis das Öl richtig eingearbeitet wurde. Wenn die Mayonnaise fertig ist, hat sie eine feste Konsistenz und löst sich leicht von den Rändern. Mit Salz, Pfeffer und Zitronensaft abschmecken.

BITTE BEACHTEN SIE: Wie alle Gerichte, die mit rohen Eiern zubereitet werden, ist die selbst gemachte Mayonnaise nicht lange haltbar. Sie sollte innerhalb eines Tages verbraucht werden.

Toscana-Bohnen-Salat mit gebratenem Tofu

Für 4 Personen
Zubereitungszeit: 15 Minuten

- 3 rote Zwiebeln
- 2 Salatgurken
- 4 Fleischtomaten
- 2 gelbe Paprika
- ½ Bund frische Blattpetersilie
- 300 g weiße Bohnen (Dose, Abtropfgewicht)
- 100 g schwarze Oliven (entsteint, Glas)
- 1 EL Aceto balsamico (dunkel)
- 5 EL Olivenöl
- Saft von 1 Zitrone
- 200 g geräucherter Tofu
- Salz und Pfeffer nach Geschmack

1 Portion (ca. 580 g): 370 kcal, 17,2 g Eiweiß (18,9 E%), 20,6 g Fett (51,5 E%), 26,9 g Kohlenhydrate (29,6 E%)

01   Zwiebeln schälen, halbieren und in feine Streifen schneiden. Die Gurken schälen, längs halbieren und in 1 cm dicke Halbmonde schneiden. Tomaten waschen, vom Strunk befreien und in grobe Würfel schneiden. Paprika halbieren, entkernen, waschen und ebenfalls grob würfeln. Petersilie waschen, entstielen und klein zupfen. Bohnen in einem Sieb abtropfen lassen und mit kaltem Wasser abspülen.

02   Oliven abtropfen lassen, vierteln und mit den Bohnen, Zwiebeln, Gurken, Paprika und Tomaten mischen. Den Salat mit Balsamicoessig, 1 EL Öl, Zitronensaft, Salz und Pfeffer marinieren.

03   Den Tofu in dünne Scheiben schneiden. In einer heißen Pfanne 2 EL Olivenöl erhitzen, die Tofuscheiben darin ca. 1–2 Minuten anbraten und mit Salz und Pfeffer würzen.

04   Anschließend die Tofuscheiben kreisförmig auf dem Tellerrand anrichten. Den Bohnensalat in die Mitte geben und mit der Petersilie bestreuen.

05   Salat vor dem Servieren mit 2 EL Olivenöl beträufeln.

TIPP: Bei der Verwendung von getrockneten weißen Bohnen verlängert sich die Zubereitungszeit um 10 Minuten, in denen die Bohnen in Salzwasser gekocht werden. Diese müssen zuvor über Nacht in kaltem Wasser eingeweicht werden.

INFO: Zwiebeln gehören zu den beliebtesten Gemüsesorten der Welt. Rote Zwiebeln bieten dabei mehr gesundheitliche Vorteile als gelbe oder weiße Sorten. Sie enthalten etwa doppelt so viele Antioxidantien und sind daher noch wirkungsvoller bei der Prävention verschiedener Erkrankungen als ihre »Artgenossen«.

Indische süßsaure Baked Beans

Für 4 Personen
Zubereitungszeit: 30 Minuten

- 2 Dosen Baked Beans (ca. 500 g Abtropfgewicht)
- 2 EL Tamarindenmark (Reformhaus)
- 100 ml Wasser
- 2 Zwiebeln
- 2 Knoblauchzehen
- 1 Stück frischer Ingwer (walnussgroß)
- 1 frische Chilischote
- 4 EL Chiliöl
- 2 EL gemahlener Koriander
- 2 EL gemahlener Kreuzkümmel
- 300 g stückige Tomaten (Dose)
- 1 TL brauner Zucker
- 1 TL Chat Masala (erhältlich in orientalischen Lebensmittelgeschäften)
- Salz und Pfeffer nach Geschmack

1 Portion (ca. 270 g): 234 kcal, 6,6 g Eiweiß (11,8 E%), 10,7 g Fett (43,3 E%), 25,2 g Kohlenhydrate (45 E%)

01 Baked Beans in ein Sieb schütten und mit kaltem Wasser abspülen, danach abtropfen lassen. Das Tamaridenmark mit 100 ml kochendem heißem Wasser übergießen und 15 Minuten ziehen lassen.

02 Inzwischen die Zwiebeln und den Knoblauch schälen und fein würfeln. Den Ingwer ebenfalls schälen und fein reiben. Die Chilischote waschen, Kerngehäuse entfernen, entstielen und fein würfeln.

03 Chiliöl in einer Pfanne (oder im Wok) erhitzen und darin die Zwiebeln ca. 1–2 Minuten anbraten. Knoblauch, Ingwer und Chilischote dazugeben und weitere 2 Minuten mitbraten. Koriander und Kreuzkümmel darüberstreuen, stückige Tomaten dazugeben und unterrühren.

04 Das Tamaridenmark zusammen mit der Flüssigkeit mit dem Löffel durch ein feines Sieb streichen und direkt in die Pfanne/ den Wok geben. Mit braunem Zucker und Salz würzen. Ohne Deckel ca. 10–15 Minuten einkochen lassen, dabei ständig umrühren.

05 Die Baked Beans dazugeben und bei kleiner Hitze noch etwa 5 Minuten ziehen lassen. Das Chat Masala unter die Beans rühren und alles servieren.

TIPP: Chat Masala ist eine indische Gewürzmischung. Alternativ dazu können Sie auch Currypaste verwenden. In Asien ist Tamarindenpaste eine Speisezutat wie bei uns der Zitronensaft. Sie können diesen auch stattdessen verwenden.

TIPP: Zu den Baked Beans passen marinierte Blattsalate oder das Lauchgemüse von Seite 65.

Gefüllte Riesenchampignons

Für 4 Personen
Zubereitungszeit: 30 Minuten

- 12 große Champignons (oder Portobellopilze)
- 2 Knoblauchzehen
- 1 Zwiebel
- 300 g frischer Blattspinat
- 3 EL Olivenöl
- 200 g Roquefort
- 50 ml Gemüsebrühe
- Salz und schwarzer Pfeffer, bunter Pfeffer nach Geschmack

1 Portion (ca. 385 g): 320 kcal, 22,4 g Eiweiß (28,6 E%), 23,9 g Fett (67,4 E%), 3,1 g Kohlenhydrate (4 E%)

01 Die Champignons mit einer Bürste oder einem Tuch abreiben und säubern.

02 Backofen auf 160° Umluft vorheizen.

03 Für die Füllung die Stiele vorsichtig aus den Pilzen herausbrechen und fein hacken. Knoblauch und Zwiebel schälen und ebenfalls fein würfeln. Den Spinat verlesen, waschen und trocken schleudern. Das Öl in einer Pfanne erhitzen und die gehackten Pilzstiele zusammen mit dem Knoblauch und der Zwiebel darin ca. 2–3 Minuten scharf anbraten. Den Blattspinat dazugeben und weitere 4–5 Minuten mitbraten. Mit Salz und schwarzem Pfeffer würzen.

04 Die Pilze mit der offenen Seite nach oben in eine Auflaufform legen. Die Füllung in die Pilzköpfe verteilen. Den Roquefortkäse zerbröckeln und über die Füllung geben. Die Pilze mit der Gemüsebrühe angießen.

05 Im Backofen (Mitte) 15–18 Minuten backen.

06 Zum Servieren die gefüllten Pilze auf Tellern anrichten und mit buntem Pfeffer bestreuen.

TIPP: Anstelle des Blattspinats kann man das Gericht auch mit Mangold oder Grünkohl zubereiten.

Israelischer Eintopf »Shakshuka«

Für 4 Personen
Zubereitungszeit: 30 Minuten

- 600 g Tomaten
- 3 große Zwiebeln
- 3 rote Paprika
- 4 EL Olivenöl
- ½ TL Harissa (erhältlich in orientalischen Lebensmittelgeschäften)
- je 1 Msp. Safran, Kreuzkümmel und Zimt
- 150 ml Wasser
- 300 g TK-Erbsen
- 4 Eier (Größe L)
- 1 Msp. Paprikapulver (edelsüß)
- Salz und Pfeffer nach Geschmack

1 Portion (ca. 490 g): 320 kcal, 16 g Eiweiß (20,5 E%), 17,4 g Fett (49,4 E%), 23,5 g Kohlenhydrate (30,1 E%)

01   Tomaten vom Strunk befreien, an der Unterseite kreuzweise einritzen, etwa 10 Sekunden mit kochendem Wasser überbrühen, mit einem Messer die Haut abziehen und anschließend die abgezogenen Tomaten fein würfeln.

02   Zwiebeln schälen und grob würfeln. Paprika halbieren, entkernen, waschen und in feine Streifen schneiden.

03   Das Öl in einer tiefen Pfanne erhitzen und darin die Zwiebelwürfel und die Paprikastreifen glasig anschwitzen, die Tomatenstücke zugeben und ca. 3–4 Minuten dünsten. Harissa, Safran, Kreuzkümmel, Zimt und Wasser dazugeben.

04   Die Erbsen ebenfalls zufügen und alles bei mittlerer Hitze ca. 15 Minuten köcheln lassen.

05   Anschließend mit einer Kelle vier Mulden in das Gemüse drücken und die ganzen Eier nacheinander aufschlagen und jeweils vorsichtig in die Mulden geben, mit Salz und Paprika bestäuben. Die Eier zugedeckt bei mittlerer Hitze noch etwa 8 Minuten stocken lassen.

06   Das Gericht in der tiefen Pfanne servieren.

INFO: Harissa ist eine Gewürzmischung aus der nordafrikanischen Küche. Sie besteht überwiegend aus Chili, Cayennepfeffer, Kreuzkümmel, Tomaten und Knoblauch. Das traditionelle Harissa ist sehr scharf. Alternativ zu Harissa können Sie auch Currypaste verwenden.

Veggie-Eiweiß-Wrap

Für 4 Personen
Zubereitungszeit: 10 Minuten

- 200 g Hüttenkäse (körnig)
- 2 frische Chilischoten
- 2 Avocado
- 2 EL Olivenöl
- 2 TL Sojasauce
- 1 Bund frische Blattpetersilie
- 300 g Rote-Bete-Sprossen
- 200 g Speisequark (Magerstufe)
- 1 EL Birnendicksaft
- ½ TL Currypulver
- 8 große Eisbergsalatblätter
- Salz und Pfeffer nach Geschmack
- 4 Streifen Aluminiumfolie

1 Portion (ca. 340 g): 340 kcal, 20 g Eiweiß (23,8 E%), 22,3 g Fett (58,6 E%), 14,8 g Kohlenhydrate (17,6 E%)

01 Den Hüttenkäse auf ein Sieb gießen und gut abtropfen lassen. Chilischoten halbieren, die Kerne entfernen und die Schoten in feine Streifen schneiden. Avocados halbieren, die Kerne herauslösen, die Schale entfernen und das Fruchtfleisch in 1 cm große Würfel schneiden.

02 Das Öl in einer Pfanne erhitzen und den Hüttenkäse mit den Chilistreifen und den Avocadowürfeln darin ca. 1–2 Minuten von allen Seiten anbraten. Mit Sojasauce, Salz und Pfeffer würzen. Anschließend aus der Pfanne nehmen und in eine Schüssel geben.

03 Petersilie waschen, trocken schütteln, entstielen und fein hacken. Rote-Bete-Sprossen waschen und zusammen mit dem Quark, dem Birnendicksaft und der Petersilie zu dem Hüttenkäse geben und alles gut vermischen. Mit Currypulver, Salz und Pfeffer würzen.

04 Die Eisbergsalatblätter waschen, trocken schütteln und jeweils zwei Blätter für einen Wrap übereinanderlegen.

05 Die Masse gleichmäßig darauf verteilen und zu einem Wrap einrollen. Anschließend das untere Drittel des Wraps mit Aluminiumfolie umwickeln und servieren.

TIPP: Für eine Extraportion Eiweiß können Sie 100 g Speisequark zusätzlich verwenden.

Eierklöße auf Blattsalaten

Für 4 Personen
Zubereitungszeit: 70 Minuten

- 6 Eier (Größe L)
- ¼ Bund frische Petersilie
- 2 Zwiebel
- 100 g Emmentaler Käse
- 100 g Nüsse (Paranüsse oder Macadamianüsse)
- 100 g Frischkäse (Magerstufe)
- 300 g Feldsalat
- 3 Köpfe Römersalat
- 2 EL Olivenöl
- 1 EL Aceto balsamico
- Saft von ½ Limette
- Salz und Pfeffer nach Geschmack

1 Portion (ca. 350 g): 490 kcal, 28,5 g Eiweiß (22,9 E%), 39,5 g Fett (72,1 E%), 6,2 g Kohlenhydrate (5 E%)

06 Eier 8–10 Minuten hart kochen, abschrecken und schälen.

07 Petersilie waschen, trocken schütteln und fein hacken. Zwiebeln schälen und fein würfeln. Emmentaler ebenfalls in kleine Würfel schneiden. Die Nüsse fein hacken.

08 Die Eier mit einem Eierschneider fein schneiden oder hacken. Petersilie, Zwiebeln, Emmentaler und Frischkäse dazugeben, alles vermengen. Nach Geschmack mit Salz und Pfeffer würzen.

09 Die Eiermasse zu etwa 16 Bällchen formen. Anschließend in den gehackten Nüssen wälzen und für eine Stunde in den Kühlschrank stellen.

10 Nun den Feldsalat und den Römersalat putzen, verlesen und gründlich waschen.

11 Für die Salatmarinade Olivenöl, Balsamicoessig und Limettensaft verrühren und mit Salz und Pfeffer abschmecken.

12 Zum Servieren den Feldsalat zusammen mit dem Römersalat auf Teller verteilen, die Eierklößen darauf anrichten und alles mit der Salatmarinade beträufeln.

INFO: Lange Zeit wurde vor einem häufigeren Verzehr von Eiern aufgrund ihres hohen Cholesteringehalts und den damit vermeintlich verbundenen Gesundheitsrisiken wie Herzinfarkt und Schlaganfall in Ernährungsempfehlungen gewarnt. Zu Unrecht, wie zahlreiche wissenschaftliche Studien belegen. Bei den wenigsten Menschen wird durch den Verzehr von Eiern der Cholesterinspiegel ungünstig beeinflusst. Eier sind in der ovo-lacto-vegetabilen und der ovo-vegetabilen Ernährung eine wichtige Eiweißquelle. Zudem haben sie weitere wertvolle Inhaltsstoffe zu bieten, z. B. Vitamin B_{12}, Vitamin D, Vitamin E, Folsäure, Eisen und Zink.

Gegrillter Fetakäse auf Salat

Zutaten für 4 Personen
Zubereitungszeit: 20 Minuten

- 3 EL Olivenöl
- 2 EL Rotweinessig
- 2 EL Senf (mittelscharf)
- 50 ml Gemüsebrühe
- 2 Köpfe Lollo Rosso
- 150 g Rucola
- 300 g Kirschtomaten
- 4 Lauchzwiebeln
- 50 g Haselnüsse (gemahlen)
- 400 g Fetakäse
- Salz und bunter Pfeffer nach Geschmack

1 Portion (ca.480 g): 480 kcal, 21,1 g Eiweiß (17,9 E%), 40,7 g Fett (76,1 E%), 7,1 g Kohlenhydrate (6 E%)

01 Für das Dressing jeweils die Hälfte von Olivenöl, Essig, Senf und Gemüsebrühe miteinander verrühren und mit Salz und buntem Pfeffer würzen.

02 Backofen auf 160° Umluft vorheizen.

03 Lollo Rosso und Rucola putzen, waschen und in mundgerechte Stücke pflücken. Kirschtomaten ebenfalls waschen und vierteln. Die Lauchzwiebeln putzen, waschen und in feine Ringe schneiden. Alle Salatzutaten mischen und mit dem Dressing marinieren.

04 Die Nüsse in einer Pfanne ohne Fett ca. 2–3 Minuten anrösten.

05 Den Fetakäse in vier gleich große Scheiben schneiden.

06 Das restliche Olivenöl, den übrigen Senf, Salz und Pfeffer zu einer Marinade verrühren. Den Fetakäse in der Marinade wenden und anschließend in eine Auflaufform legen.

07 Den Käse im Backofen (oder auf dem Grill) ca. 8–10 Minuten backen.

08 Den Fetakäse zusammen mit dem Salat auf Tellern anrichten, mit den Nüssen bestreuen und servieren.

TIPP: Rucola – auch unter dem Namen Rauke bekannt – kann recht einfach selbst angebaut werden! Ab März kann man Rucola im Freiland aussäen, aber auch auf der Fensterbank wächst Rucola schnell und üppig.

INFO: Rucola hat einen hohen Gehalt an Folsäure. Das Vitamin aus dem B-Vitamin-Komplex unterstützt generell Herz, Kreislauf und Gedächtnis und ist besonders in der Schwangerschaft sehr wichtig. Die Senföle im Rucola wirken außerdem vorbeugend gegen Infektionen.

Gefüllte Fleischtomaten im Silberkleid

Für 4 Personen
Zubereitungszeit: 20 Minuten

- 4 große Fleischtomaten (à ca. 200 g)
- ½ Bund frischer Basilikum
- 3 Frühlingszwiebeln
- 100 g grüne Oliven (ohne Stein)
- 1 Knoblauchzehe
- 300 g Ricotta
- 100 g Kapern (Glas, Abtropfgewicht)
- 100 g Erdnüsse (ungesalzen)
- 100 g Joghurt (1,5 % Fett)
- Saft von ½ Zitrone
- 4 Streifen Aluminiumfolie
- Salz und Cayennepfeffer nach Geschmack

1 Portion (ca.390 g): 345 kcal, 14,6 g Eiweiß (17,2 E%), 22,4 g Fett (59,9 E%), 19,4 g Kohlenhydrate (22,9 E%)

01 Tomaten waschen, jeweils einen Deckel abschneiden und diesen beiseitelegen. Die Tomatenkerne mit einem Teelöffel herauslösen.

02 Backofen auf 180° Umluft vorheizen.

03 Für die Füllung den Basilikum waschen und trocken schütteln, die Blätter abzupfen und in feine Streifen schneiden. Frühlingszwiebeln waschen und in feine Röllchen schneiden. Oliven grob hacken. Den Knoblauch schälen und durch eine Knoblauchpresse drücken. Basilikum, Frühlingszwiebeln, Oliven und Knoblauch mit dem Ricotta mischen. Mit Salz und Cayennepfeffer würzen. Alles nochmals gründlich mischen.

04 Die Tomaten jeweils auf ein Stück Alufolie (ca. 30×30 cm) setzen. Mit der Ricottamasse füllen und die Deckel auf die Tomaten setzen. Die Seiten der Alufolie hochklappen und über den Tomaten wie ein Bonbonpapier zusammendrehen.

05 Anschließend die Tomatenpäckchen im Backofen (Mitte) ca. 6–8 Minuten backen oder alternativ ca. 8–10 Minuten grillen.

06 In der Zwischenzeit die Kapern in einem Sieb abtropfen lassen. Die Erdnüsse zusammen mit dem Joghurt, den Kapern und dem Zitronensaft mischen.

07 Zum Servieren die Silberpäckchen auf Teller geben, öffnen und den Kapernjoghurt darüber verteilen.

INFO: Zur Herstellung von Ricotta wird Süßmolke verwendet. Diese ist ein Restprodukt der Käseherstellung. Die Molke enthält kein Casein (Mischung aus mehreren Proteinen), aber viele andere Proteine, wie z. B. Albumin.

Roter Fenchel

Für 4 Personen
Zubereitungszeit: 20 Minuten

- 4 Fenchelknollen
- 2 Zwiebeln
- 2 frische Chilischoten
- 1 Stück Ingwer (walnussgroß)
- 250 g Champignons
- 4 Tomaten
- 2 EL Rapsöl
- 1 EL Tomatenmark
- Salz und Pfeffer nach Geschmack

1 Portion (ca. 380 g): 115 kcal, 5,5 g Eiweiß (19,5 E%),
5,4 g Fett (43,4 E%), 10,4 g Kohlenhydrate (37,2 E%)

01   Fenchel waschen, halbieren, Strunk entfernen und die Knolle in dünne Streifen schneiden. Zwiebeln schälen, halbieren und in feine Streifen zerkleinern. Chilis waschen, halbieren und in Ringe schneiden.

02   Den Ingwer schälen und fein würfeln. Die Pilze vorsichtig säubern und in Scheiben schneiden. Die Tomaten waschen, Strunk entfernen und das Fruchtfleisch in grobe Stücke schneiden.

03   Eine Pfanne mit dem Öl erhitzen. Chili und Ingwer ca. 1–2 Minuten anbraten, den Fenchel hinzugeben und ca. 5 Minuten mitbraten.

04   Anschließend die Zwiebeln und das Tomatenmark dazugeben und weitere 1–2 Minuten mitbraten. Champignons und Tomaten zufügen, salzen und weiterköcheln lassen, bis die gewünschte Konsistenz erreicht ist.

05   Den roten Fenchel auf Tellern anrichten und servieren.

TIPP: Einen etwas höheren Eiweißanteil erreichen Sie, indem Sie 2 EL Quark mit 2 EL Milch vermischen und als Topping über den Fenchel geben. Sie können den roten Fenchel auch als Gemüsebeilage zu gebratenen Spiegeleiern servieren.

INFO: Fenchel ist reich an ätherischen Ölen. Diese wirken verdauungsfördernd, krampflösend und gegen Blähungen und Völlegefühl, stärken das Immunsystem, aktivieren den Zellstoffwechsel, kurbeln die Fettverbrennung an und wirken heilsam bei Husten oder Asthma.

Grünkohl-Ricotta-Muffins

Für 4 Personen (12 Stück)
Zubereitungszeit: 45 Minuten

- 200 g Schichtkäse (10 % Fett)
- 1 Zwiebel
- 2 Kartoffeln (ca. 150 g)
- 1 kg Grünkohl
- 80 g Parmesankäse am Stück
- 80 g Kokosflocken
- ½ Bund frische Blattpetersilie
- 200 g Ricotta
- 100 ml saure Sahne
- 2 Eier (Größe L)
- 100 g Rucola
- 2 EL Olivenöl
- Salz und Pfeffer nach Geschmack
- 12 Muffinförmchen aus Silikon

1 Portion (ca. 465 g): 585 kcal, 32,5 g Eiweiß (22,5 E%),
41,2 g Fett (63,2 E%), 20,6 g Kohlenhydrate (14,3 E%)

01   Den Schichtkäse in ein Sieb geben und über einer Schüssel gut abtropfen lassen.

02   Inzwischen die Zwiebel schälen, halbieren und fein würfeln. Kartoffeln waschen, schälen und in feine Würfel schneiden. Grünkohl waschen, putzen und die Mittelstiele herausschneiden. Die Grünkohlblätter für etwa 5 Sekunden in kochendes Salzwasser tauchen (blanchieren). Anschließend in einem Sieb gut abtropfen lassen und leicht auspressen. Dann den Grünkohl fein hacken.

03   Backofen auf 160° Umluft vorheizen.

04   Kartoffelwürfel ebenfalls etwa 1 Minute im kochenden Salzwasser blanchieren. In ein Sieb abgießen und kurz unter kaltem Wasser abschrecken. Auf Küchenpapier gut abtropfen lassen.

05   Den Parmesan fein reiben. Die Kokosflocken in einer Pfanne ohne Fett goldbraun rösten. Petersilie waschen, trocken schütteln, entstielen und fein hacken.

06   Ricotta in einer Schüssel mit dem Handrührgerät cremig schlagen. Den abgetropften Schichtkäse, die saure Sahne und die Eier unterrühren. Mit Salz und Pfeffer würzen. Grünkohl, Kartoffeln, Zwiebelwürfel, Parmesan, Kokosflocken und Petersilie unter die Ricottacreme rühren. Die Masse in die Muffinförmchen verteilen und im Backofen (Mitte) 25–30 Minuten goldbraun backen. Anschließend herausnehmen.

07   In Zwischenzeit den Rucola waschen und trocken schütteln.

08   Zum Servieren den Rucola auf Teller verteilen, mit etwas Olivenöl beträufeln und die Muffins darauf anrichten.

TIPP: Wer keine Muffinförmchen aus Silikon hat, kann auch ein Muffinblech verwenden und dieses mit Papiermanschetten auslegen.

Gemüsezwiebel mit Kichererbsenfüllung

Für 4 Personen
Zubereitungszeit: 50 Minuten

- 8 große Gemüsezwiebeln
- 240 g Kichererbsen (Dose, Abtropfgewicht)
- 200 g Tomaten
- ½ Bund frische Petersilie
- 4 Knoblauchzehen
- 150 g körniger Frischkäse
- 40 g Tomatenmark
- 2 Eier (Größe L)
- 80 g gemahlene Haselnüsse
- ½ TL gemahlener Kreuzkümmel
- ¼ TL gemahlener Zimt
- 4 EL Crème fraîche
- 80 g Hartkäse (z. B. Parmesan)
- Salz und Pfeffer, Paprikapulver nach Geschmack

1 Portion (ca. 455 g): 490 kcal, 26 g Eiweiß (21,5 E%), 29,8 g Fett (55,8 E%), 27,5 g Kohlenhydrate (22,7 E%)

01 Zwiebeln schälen. Einen Topf Salzwasser zum Kochen bringen und die Zwiebeln darin ca. 10 Minuten köcheln lassen. Anschließend in einem Sieb abtropfen und abkühlen lassen.

02 Backofen auf 180° Umluft vorheizen.

03 Für die Füllung zunächst die Kichererbsen in ein Sieb abgießen. Tomaten waschen, Strunk entfernen und das Tomatenfleisch in feine Würfel schneiden. Petersilie waschen, trocken schütteln und fein hacken. Knoblauch schälen und fein würfeln.

04 Den Frischkäse ausdrücken. Nun in einer Schüssel Kichererbsen, Tomatenwürfel, Petersilie, Knoblauch und Frischkäse mit Tomatenmark, Eiern und Haselnüssen vermischen. Die Masse mit Kreuzkümmel, Zimt, Salz, Pfeffer und Paprika abschmecken.

05 Von den Zwiebeloberseiten jeweils einen kleinen Deckel abschneiden und die Zwiebeln bis auf zwei oder drei äußere Schichten aushöhlen. Das herausgelöste Zwiebelfleisch sowie die Deckel fein würfeln und unter die Kichererbsenmasse mischen.

06 Die Zwiebeln mit der Masse füllen und nebeneinander in eine hitzebeständige Form stellen.

07 Die verbleibende Masse mit Crème fraîche und Hartkäse mischen und auf den Zwiebeln verteilen. Die Zwiebeln im Backofen (Mitte) ca. 30–35 Minuten backen, bis das Topping schön gebräunt ist.

INFO: Kichererbsen bestehen zu knapp 20 % aus Eiweiß und sind somit eine wertvolle Proteinquelle. Sie tragen außerdem zur Deckung des Bedarfs an Mineralstoffen wie Eisen, Zink und Magnesium sowie verschiedener Vitamine bei (z.B. Vitamin A und B-Vitamine). Aufgrund des hohen Eiweiß- und Ballaststoffanteils sättigen sie gut und lange.

Gefüllte Gurkenschiffchen

Für 4 Personen
Zubereitungszeit: 15 Minuten

- 2 Salatgurken
- 2 Köpfe Radicchio
- 50 g Sonnenblumenkerne
- 200 g Kirschtomaten
- 200 g körniger Frischkäse
- 1 TL Aceto balsamico (hell)
- 2 EL Leinöl
- ½ Bund Kerbel
- 2 Stiele Basilikum
- Salz und Pfeffer nach Geschmack

1 Portion (ca. 400 g): 200 kcal, 11,9 g Eiweiß (24,3 E%),
11,1 g Fett (50,3 E%), 12,4 g Kohlenhydrate (25,4 E%)

01 Gurken schälen, längs halbieren und mit einem Teelöffel die Kerne entfernen, sodass 4 Schiffchen entstehen. Radicchio vierteln, waschen, trocken schütteln, Strunk entfernen und den Salat in feine Streifen schneiden.

02 Sonnenblumenkerne in einer beschichteten Pfanne ohne Fett hellbraun anrösten. Tomaten waschen und vierteln. Frischkäse in einer kleinen Schüssel mit den gerösteten Sonnenblumenkernen und den Tomatenvierteln mischen. Mit dem Balsamicoessig, Leinöl, Salz und Pfeffer würzen. Kerbel und Basilikum waschen, trocken schütteln, Blätter abzupfen und in feine Streifen schneiden.

03 Zum Servieren die Radicchiostreifen auf Teller verteilen. Den Tomatenfrischkäse in die Gurkenschiffchen füllen, mit Kerbel und Basilikum bestreuen. Die Gurkenschiffchen auf den Radicchiostreifen anrichten.

TIPP: Anstelle des Kerbels kann man auch Koriander verwenden. Das gibt dem Gericht eine asiatische Note.

Kohlrabistifte mit Sojabolognese

Für 4 Personen
Zubereitungszeit: 25 Minuten

- 1 Zwiebel
- 1 Möhre
- 200 g Sojagranulat
- 250 ml Gemüsebrühe
- 2 EL Olivenöl
- 2 EL Tomatenmark
- 1 kleine Dose stückige Tomaten (200 g)
- 3 g Oregano (getrocknet, ca. 2 EL)
- 6 Kohlrabi
- 50 g Parmesan
- Salz, Pfeffer und Chilipulver nach Geschmack

1 Portion (ca. 370 g): 320 kcal, 32,9 g Eiweiß (41,3 E%), 12,9 g Fett (36,8 E%), 17,4 g Kohlenhydrate (21,9 E%)

01 Zwiebel schälen und in feine Würfel schneiden. Möhre schälen und fein raspeln.

02 Sojagranulat mit kochender Gemüsebrühe übergießen und 10 Minuten einweichen lassen. Anschließend das Granulat in einem Sieb ausdrücken.

03 Das Olivenöl in einer beschichteten Pfanne erhitzen und darin das Sojagranulat ca. 2–3 Minuten scharf anbraten. Mit Salz und Pfeffer würzen.

04 Die Zwiebelwürfel und die geraspelten Möhre zugeben und das Tomatenmark einrühren. Alles kurz mit anschwitzen, dann mit den stückigen Tomaten ablöschen. Mit Oregano, Salz, Pfeffer, Chilipulver abschmecken.

05 Kohlrabi schälen, in feine Streifen schneiden. Zur Sojabolognese geben und für 4–5 Minuten mitgaren.

06 In der Zwischenzeit den Parmesan fein reiben. Die Kohlrabistifte in Sojabolognese in tiefen Tellern anrichten und mit Parmesan bestreuen.

Süßkartoffelpfanne mit Kräuterseitling-Rucola-Salat

Für 4 Personen
Zubereitungszeit: 25 Minuten

- 200 g Rucola
- 400 g Kräuterseitlinge
- 2 Bund Frühlingszwiebeln
- 3 Thymianzweige
- 3 EL Olivenöl
- 50 g geröstete Walnüsse
- 300 g Süßkartoffeln
- 1 EL Aceto balsamico (hell)
- grobes Meersalz und Pfeffer nach Geschmack

1 Portion (ca. 275 g): 270 kcal, 9,3 g Eiweiß (14 E%), 17,4 g Fett (57,9 E%), 18,73 g Kohlenhydrate (28,1 E%)

01 Rucola verlesen, waschen und abtropfen lassen. Kräuterseitlinge kurz waschen und vierteln. Frühlingszwiebeln waschen, vom Wurzelwerk befreien und in feine Röllchen schneiden. Thymianzweige abzupfen.

02 2 EL Öl in einer Pfanne erhitzen und die Kräuterseitlinge darin ca. 2–3 Minuten scharf anbraten. Walnüsse, Thymian und Frühlingszwiebeln dazugeben und 1–2 Minuten mit anbraten.

03 Währenddessen die Süßkartoffeln schälen und in 1 cm dicke Würfel schneiden. Die Süßkartoffeln nun ebenfalls in die Pfanne geben und weitere 4–5 Minuten mitbraten.

04 Mit Balsamicoessig, dem restlichen Olivenöl, Salz und Pfeffer würzen.

05 Zum Servieren den Rucola unterheben und das Gericht nochmals mit Pfeffer und Meersalz nachwürzen.

INFO: Kräuterseitlinge sind reine Zuchtpilze. Sie enthalten deshalb keine Schwermetalle oder radioaktive Stoffe. Viele Züchter setzen jedoch leider Fungizide und Insektizide ein, um den Nährboden, auf dem die Kräuterseitlinge wachsen, keimfrei zu halten. Greifen Sie daher zu Kräuterseitlingen aus Bio-Aufzucht.

TIPP: Anstelle der Kräuterseitlinge lässt sich das Gericht auch mit Champignons oder Egerlingen zubereiten.

TIPP: Um den Eiweißanteil zu erhöhen, können Sie 100 g körnigen Hüttenkäse dazugeben.

Fruchtiges Kokos-Linsen-Curry

Für 4 Personen
Zubereitungszeit: 35 Minuten

- 300 g Petersilienwurzeln
- 400 g Möhren
- 2 grüne Paprika
- 3 Pfirsiche
- 1 Papaya
- 2 EL Rapsöl
- 150 g Belugalinsen (getrocknet)
- 150 ml Gemüsebrühe
- 300 ml Kokosmilch
- ½ Bund frischer Koriander
- 200 g Sauerrahm
- Kumin, Currypulver, Salz und Pfeffer nach Geschmack

1 Portion (ca. 530 g): 490 kcal, 15,1 g Eiweiß (12,4 E%),
29 g Fett (53,9 E%), 41,2 g Kohlenhydrate (33,7 E%)

01　Petersilienwurzeln und Möhren schälen. Anschließend die Petersilienwurzeln in 1 cm dicke Scheiben und die längs halbierten Möhren in feine Halbmonde schneiden. Paprika halbieren, entkernen, waschen und in kleine Streifen zerteilen. Die gewaschenen und entsteinten Pfirsiche in Scheiben schneiden. Papaya schälen, halbieren, die Kerne herauslösen und das Fruchtfleisch in 1 cm dicke Scheiben schneiden.

02　Das Öl in einer beschichteten Pfanne erhitzen und darin die Petersilienwurzeln, Möhren und Paprika etwa 4–5 Minuten anbraten. Linsen und Pfirsiche dazugeben und ca. 5–8 Minuten mitbraten. Mit Kumin, Currypulver, Salz und Pfeffer würzen.

03　Mit Gemüsebrühe und Kokosmilch aufgießen. Das Ganze nun ca. 12–15 Minuten gar köcheln lassen und dabei ab und zu umrühren.

04　Den Koriander waschen, entstielen, einige Blätter zur Dekoration beiseitelegen und den Rest fein hacken. Koriander zusammen mit dem Sauerrahm und der Papaya unter das Linsencurry heben.

05　Das Curry nochmals mit Salz und Pfeffer abschmecken, auf Tellern anrichten, mit Koriander garnieren und servieren.

INFO: Kumin – häufig auch als Kreuzkümmel bekannt – hat durch die enthaltenen ätherischen Öle einen sehr intensiven und unverwechselbaren Geschmack. Dieser verstärkt sich durch die Hitze beim Braten oder Kochen deutlich.

Bunter Pfifferling-Linsen-Salat

Für 4 Personen
Zubereitungszeit: 30 Minuten

- 100 g rote Linsen
- 350 g Blumenkohl
- 200 g Feldsalat
- 250 g Endiviensalat
- 300 g Pfifferlinge
- 1 Zwiebel
- 150 g Camembert
- 2 EL Rapsöl

Für das Dressing:

- Saft von ½ Zitrone
- 4 EL Apfelsaft
- 2 EL Aceto balsamico (dunkel)
- 1 walnussgroßes Stück Ingwer
- 2 Knoblauchzehen
- 2 EL Olivenöl
- 2 EL Sesamöl
- Salz und Pfeffer nach Geschmack

1 Portion (ca. 340 g): 365 kcal, 18,8 g Eiweiß (20,9 E%), 24,6 g Fett (60,5 E%), 16,7 g Kohlenhydrate (18,6 E%)

01 Linsen in kochendem Wasser ohne Salz ca. 20 Minuten bissfest garen. Den Blumenkohl in Röschen zerteilen, waschen und 5 Minuten vor Ende der Garzeit zu den Linsen geben. Anschließend das Kochwasser abgießen und Linsen und Blumenkohl unter fließendem Wasser abschrecken.

02 Feld- und Endiviensalat putzen, verlesen, waschen und in mundgerechte Stücke zerkleinern.

03 Die Pfifferlinge putzen und kurz unter fließendem Wasser abbrausen. Zwiebel schälen, halbieren und in feine Würfel schneiden. Camembert in 2 cm große Würfel schneiden.

04 Das Rapsöl in einer Pfanne erhitzen und die Pilze von beiden Seiten 3–4 Minuten goldbraun anbraten.

05 Für das Dressing Zitronensaft, Apfelsaft, Balsamicoessig, Salz und Pfeffer verrühren. Ingwer und Knoblauch schälen, durch eine Presse drücken (wer keine Presse hat, kann den Ingwer und den Knoblauch fein würfeln) und zum Dressing geben. Anschließend Oliven- und Sesamöl daruntermischen und alles gut verrühren.

06 Nun in einer großen Schüssel alle Zutaten vorsichtig mit der Marinade vermengen.

07 Zum Servieren den gemischten Salat auf tiefen Tellern anrichten.

INFO: Ingwer enthält den Wirkstoff Gingerol, der wie ein natürlicher »Bakterienkiller« wirkt. Ingwer gilt außerdem als appetitanregend und verdauungsfördernd, hat blutverdünnende und blutdrucksenkende Eigenschaften und wirkt sich positiv auf die Blutfettwerte aus. Zudem wird ihm eine schmerzlindernde und entzündungshemmende Wirkung zugeschrieben. Und auch auf die Stimmung wirkt der Verzehr von Ingwer positiv.

Möhren-Weißkohl-Eintopf mit Frischkäse

Für 4 Personen
Zubereitungszeit: 20 Minuten

- 1 Zwiebel
- 500 g Möhren
- 2 EL Rapsöl
- 200 g Weißkohl
- 200 g Kidneybohnen (Dose, Abtropfgewicht)
- 500 ml Gemüsebrühe
- 1 EL Speisestärke
- 2 EL Wasser
- 100 g Frischkäse (Doppelrahmstufe)
- Salz und Pfeffer nach Geschmack

1 Portion (ca. 375 g): 280 kcal, 10,2 g Eiweiß (15,1 E%), 15,9 g Fett (53,2 E%), 21,5 g Kohlenhydrate (31,7 E%)

01 Zwiebel schälen und fein würfeln. Möhren ebenfalls schälen und in feine Scheiben schneiden. Das Öl in einem Topf erhitzen und die Zwiebeln und Möhren darin ca. 1–2 Minuten andünsten.

02 Weißkohl putzen, waschen, vierteln, vom harten Strunk befreien und in feine Streifen schneiden. Die Weißkohlstreifen anschließend zu den Zwiebel- und Möhren-stückchen geben.

03 Kidneybohnen abtropfen lassen und ebenfalls zufügen. Die Zutaten mit der Gemüsebrühe angießen und alles in etwa 6–8 Minuten fertig garen.

04 Die Speisestärke in Wasser lösen.

05 Den Möhren-Weißkohl-Eintopf mit Salz und Pfeffer würzen und die gelöste Speisestärke einrühren. Den Eintopf kurz aufkochen lassen und anschließend in tiefen Tellern anrichten.

06 Zum Servieren den Frischkäse als Topping darauf verteilen.

INFO: Kidneybohnen enthalten ca. 150 mg Magnesium pro 100 g. Es ist unter anderem an der Aktivierung von Enzymen und am Energiestoffwechsel der Zellen beteiligt sowie an den funktionellen Abläufen von Muskulatur und Nerven. Neben Bohnen sind beispielsweise auch Erbsen, Spinat, Brokkoli, Nüsse und Sonnenblumenkerne gute Magnesiumlieferanten.

Kalte Gurkensuppe mit Kräutermozzarella

Für 4 Personen
Zubereitungszeit: 15 Minuten

- ½ Bund Dill
- 200 g geräucherter Mozzarella (Reformhaus)
- 3 EL Olivenöl
- ½ TL Paprika (edelsüß)
- 3 Salatgurken
- 2 grüne Paprika
- 1 Bund Basilikum
- 200 g Schmand (20 % F. i. Tr.)
- 200 g Sauerrahm
- Saft von 1 Zitrone
- Salz, Pfeffer und 1 Msp. Chilipulver nach Geschmack

1 Portion (ca.400 g): 450 kcal, 14,8 g Eiweiß (13,1 E%), 38,1 g Fett (76,7 E%), 11,6 g Kohlenhydrate (10,2 E%)

01 Dill waschen, von den Stielen befreien und fein hacken. Mozzarella fein würfeln, mit dem Olivenöl, Dill und Paprikapulver marinieren.

02 Gurken schälen, längs halbieren und entkernen. Die Gurkenhälften in grobe Stücke schneiden. Paprika halbieren, entkernen, waschen und ebenfalls grob zerkleinern.

03 Den Basilikum waschen, entstielen und grob schneiden. Vorher einige Blätter zur Dekoration beiseitelegen.

04 Die Gurkenstücke zusammen mit den Paprikawürfeln, Basilikum, Schmand und Sauerrahm in einem Mixer (oder mit dem Stabmixer) fein pürieren. Mit Salz, Pfeffer, Chilipulver und Zitronensaft abschmecken.

05 Zum Servieren die Suppe in tiefe Teller füllen, den marinierten Mozzarella darüber geben und das Ganze mit Basilikumblättchen bestreuen.

INFO: Paprika enthält so viel Vitamin C wie kaum ein anderes Lebensmittel. In 100 g roten Paprikaschoten stecken durchschnittlich 150 mg Vitamin C, in den grünen etwa 115 mg. Der Tagesbedarf liegt für Erwachsene bei etwa 100 mg Vitamin C. Kinder benötigen je nach Alter etwas weniger.

Möhrenpuffer mit Kräuterjoghurt

Für 4 Personen
Zubereitungszeit: 30 Minuten

- ¼ Bund frische Petersilie
- ¼ Bund frische Minze
- ¼ Bund frischer Dill
- 400 g Joghurt (1,5 % Fett)
- 2 EL Hanföl
- 1 Knoblauchzehe
- Saft von ½ Zitrone
- 700 g Möhren
- 6 Frühlingszwiebeln
- 120 g Hartkäse (z. B. Parmesan)
- 3 Eier (Größe L)
- 1 EL Sojamehl (entfettet)
- 2 EL Olivenöl
- Salz und Pfeffer nach Geschmack

1 Portion (ca. 360 g): 383 kcal, 21,3 g Eiweiß (22,6 E%),
25,7 g Fett (20,3 E%), 16,1 g Kohlenhydrate (17,1 E%)

01 Für den Kräuterjoghurt Petersilie, Minze, Dill waschen, trocken schütteln und fein hacken. Mit Joghurt und dem Hanföl glattrühren. Knoblauch schälen, fein würfeln und untermischen. Kräuterjoghurt mit Zitronensaft und Salz abschmecken.

02 Für die Möhrenpuffer die Möhren schälen und anschließend raspeln. Mit ½ TL Salz mischen und 10 Minuten lang ziehen lassen.

03 Inzwischen die Frühlingszwiebeln putzen, waschen und in feine Ringe schneiden. Den Hartkäse reiben.

04 Die geraspelten Möhren gut ausdrücken. Danach mit den Frühlingszwiebeln, dem geriebenen Hartkäse, Eiern und Sojamehl verrühren. Mit Salz und Pfeffer würzen.

05 In einer beschichteten Pfanne das Olivenöl erhitzen. Aus jeweils 1 gehäuften EL Möhrenmasse kleine Puffer formen und in der Pfanne von jeder Seite bei mittlerer Hitze in ca. 3–4 Minuten goldbraun braten.

06 Die Möhrenpuffer heiß oder kalt zusammen mit dem Kräuterjoghurt auf Tellern anrichten und servieren.

INFO: Sojamehl ist ein Trockenprodukt, das aus der Sojabohne gewonnen wird und einen hohen Eiweißgehalt besitzt. Unterschieden wird zwischen vollfetten (18 bis 20 % Fett, 38 % Eiweiß) und entfetteten Mehlen (50 % Eiweiß, 1 % Fett).

TIPP: Bei frischen Kräutern lohnt es sich vorzuarbeiten: Sie können jeweils einen ganzen Bund kaufen, vorbereiten und fein hacken. Was Sie für dieses Rezept nicht benötigen, können Sie dann zur Vorratshaltung in Eiswürfelbehältern einfrieren und sich diesen Vorbereitungsschritt beim nächsten Mal sparen.

Orientalischer Linsen-Spinat-Topf

Für 4 Personen
Zubereitungszeit: 30 Minuten

- 200 g Belugalinsen
- 600 ml Wasser
- 1 EL Kurkuma
- 1 TL Salz
- 500 g Blattspinat
- 4 Knoblauchzehen
- 2 Zwiebeln
- ¼ Ingwerknolle (walnussgroß)
- 50 g Butter
- 250 g Sahnejoghurt
- Saft von ½ Zitrone
- Salz nach Geschmack

1 Portion (ca.425 g): 360 kcal, 17,9 g Eiweiß (20,3 E%),
17,8 g Fett (44,8 E%), 30,7 g Kohlenhydrate (34,9 E%)

01   Die Linsen im Wasser zusammen mit dem Kurkuma und dem Salz ½ Stunden in einem Topf einweichen und anschließend aufkochen.

02   Den Spinat waschen, verlesen, zu den Linsen geben und so lange kochen, bis beinahe die gesamte Flüssigkeit aufgesogen ist und die Linsen weich gekocht sind.

03   Knoblauchzehen, Zwiebeln und Ingwer schälen und fein reiben.

04   Butter in einem mittelgroßen Topf erhitzen, Ingwer-Knoblauch-Zwiebel-Mischung dazugeben und goldbraun dünsten.

05   Den Spinat-Linsen-Mix dazugeben und mit Zitronensaft und einer Prise Salz abschmecken.

06   Die Hälfte des Eintopfes in eine Schüssel geben, mit Joghurt mischen und mit einem Stabmixer fein pürieren.

07   Anschließend die pürierten Linsen unter die restlichen Spinatlinsen heben, kurz aufkochen lassen und dann servieren.

INFO: Belugalinsen sind sehr klein, tiefschwarz und sehen deshalb ein wenig aus wie zu groß geratener Kaviar. Beim Kochen verlieren sie etwas von ihrer Farbe und werden dunkelbraun. Sie schmecken kräftig und eignen sich auch gut für Salate.

Vegetarische Low-Carb-Pizza

Für 4 Personen
Zubereitungszeit: 70 Minuten

- 1 kg Zucchini
- 600 g Möhren
- 4 Eier (Größe L)
- 2 EL Hanfmehl (Reformhaus)
- 200 g Champignons
- 2 rote Zwiebeln
- 100 g Hartkäse (z. B. Parmesan)
- 125 g Mozzarella
- 280 g stückige Tomaten (aus der Dose)
- 1 TL Oregano (getrocknet)
- 1 TL Rosmarin (getrocknet)
- 50 g schwarze Oliven (ohne Stein)
- 1 Bund frischer Basilikum
- Muskat, Salz und Pfeffer nach Geschmack

1 Portion (ca. 615 g): 365 kcal, 26,7 g Eiweiß (29,5 E%), 20,1 g Fett (50,5 E%), 18,1 g Kohlenhydrate (20 E%)

01 Für den Pizzateig die Zucchini waschen, Enden abschneiden und das Gemüse fein hobeln. Möhren schälen und ebenfalls fein hobeln. Anschließend die Zucchini- und Möhrenraspel gut mit den Eiern und dem Hanfmehl vermischen. Mit Salz, Pfeffer und Muskat würzen.

02 Backofen auf 180° Umluft vorheizen.

03 Eine runde Backform (ca. 28–30 cm Durchmesser) mit Backpapier auslegen und den Pizzateig darauf verteilen. Im Backofen (Mitte) ca. 40 Minuten vorbacken.

04 In der Zwischenzeit die Champignons putzen, unter fließendem Wasser kurz abbrausen und in Scheiben schneiden. Zwiebeln schälen, halbieren und in feine Streifen schneiden. Den Hartkäse fein raspeln. Mozzarella in dünne Scheiben schneiden.

05 Die Tomaten mit Oregano und Rosmarin verrühren und anschließend mit Salz und Pfeffer kräftig würzen. Den Pizzateig aus dem Ofen nehmen und mit den gewürzten Tomaten bestreichen. Anschließend mit den Champignons, den Zwiebeln und den Oliven belegen, zum Schluss mit dem Hartkäse und dem Mozzarella bedecken.

06 Im Backofen (Mitte) für ca. 10–15 Minuten fertig backen.

07 Basilikum waschen, entstielen und in grobe Stücke zupfen.

08 Vor dem Servieren die Pizza mit dem frischen Basilikum bestreuen.

TIPP: Anstelle des Hanfmehls (1,5 % Kohlenhydratanteil), können Sie auch Kokosmehl (4 % Kohlenhydratanteil) verwenden. Es ist ebenfalls im Reformhaus oder im Biomarkt erhältlich.

Quinoataler mit Staudenselleriesalat

Für 4 Personen
Zubereitungszeit: 20 Minuten

- 150 g Quinoa
- 2 Zwiebeln
- 100 g Emmentaler Käse (am Stück)
- 2 EL Olivenöl
- ½ TL Currypulver
- 400 ml Gemüsebrühe
- 2 Eier (Größe L)
- 3 EL Haferflocken
- 40 g Haselnüsse (gemahlen)
- 1–2 g Basilikum (getrocknet)
- ½ TL Paprikapulver (edelsüß)
- 1 EL Rapsöl
- 6 Stangen Staudensellerie (ca. 900 g)
- Salz und Pfeffer nach Geschmack

Für das Dressing:
- 100 g Magerquark
- 4 EL Milch (3,5 % Fett)
- 1 EL Aceto balsamico (hell)
- 1 EL Olivenöl
- ½ Bund frischer Dill
- Salz und Pfeffer nach Geschmack

1 Portion (ca. 565 g):545 kcal, 24,5 g Eiweiß (18,2 E%), 32,6 g Fett (53,6 E%), 38 g Kohlenhydrate (28,2 E%)

01   Quinoa in ein feines Sieb geben, mit heißem Wasser abspülen und abtropfen lassen. Zwiebeln schälen und in feine Würfel schneiden. Emmentaler fein reiben.

02   In einem Topf das Olivenöl erhitzen und darin die Zwiebelwürfel andünsten, Curry und Quinoa zugeben und ca. 2 Minuten anbraten.

03   Das Ganze mit Gemüsebrühe ablöschen und aufkochen lassen. Den Deckel auf den Topf geben und den Quinoa bei mittlerer Hitze 10 Minuten quellen lassen.

04   Die Quinoamasse mit dem Käse, den Eiern, den Haferflocken, den Haselnüssen und dem Basilikum vermengen. Mit Paprika, Salz und Pfeffer würzen.

05   Die Quinoamasse anschließend zu esslöffelgroßen Talern formen.

06   Rapsöl in einer Pfanne erhitzen und die Taler darin ca. 3–4 Minuten von jeder Seite braten.

07   In der Zwischenzeit die Staudenselleriestangen putzen, waschen und in feine Scheiben schneiden.

08   Für das Dressing Quark, Milch, Balsamicoessig und Olivenöl vermischen. Mit Salz und Pfeffer würzen. Dill waschen, von den Stielen befreien, fein hacken und ins Dressing einrühren. Das Dressing über die Selleriehalbmonde gießen und alles vermengen.

09   Die Quinoataler zusammen mit den Staudenselleriesalat auf einem Teller anrichten und servieren.

TIPP: Wer es gerne feurig mag, kann 1 Spritzer Tabasco in die Quinoamasse geben.

Römersalat mit Apfeldressing und gebratenen Tofuwürfeln

Für 4 Personen
Zubereitungszeit: 15 Minuten

Für das Dressing:
- 4 EL Joghurt (1,5 % Fett)
- 3 EL Aceto balsamico (hell)
- 2 EL Olivenöl
- Saft von ½ Limette
- 1 Apfel (z. B. Boskop)
- Salz und Pfeffer nach Geschmack

Für den Salat:
- 4 Köpfe Römersalat
- 2 rote Paprika
- 200 g Tofu
- 100 g schwarze Oliven (entsteint)
- 1 EL Olivenöl
- 100 g Walnüsse
- Currypulver, Salz und Pfeffer nach Geschmack

1 Portion (ca. 345 g): 385 kcal, 11,2 g Eiweiß (11,8 E%), 30,9 g Fett (72,2 E%), 15,1 g Kohlenhydrate (16 E%)

01   Für das Dressing Joghurt, Essig, Öl und Limettensaft in einer Schüssel vermengen. Den Apfel vierteln, das Kerngehäuse entfernen, die Apfelviertel schälen, in grobe Stücke schneiden und zu den anderen Zutaten geben. Das Ganze mit einem Stabmixer pürieren und mit Salz und Pfeffer abschmecken.

02   Den Römersalat verlesen, die Blätter waschen und trocken schleudern. Paprika halbieren, entkernen, waschen und in feine Streifen schneiden. Tofu in 2 cm große Würfel schneiden. Die Oliven abtropfen lassen.

03   Das Öl in einer Pfanne erhitzen und die Tofuwürfel zusammen mit den Paprikastreifen und den Walnüssen darin ca. 3–4 Minuten scharf anbraten. Mit Salz, Pfeffer und Curry würzen.

04   In der Zwischenzeit den Römersalat mit dem Dressing und den Oliven vermengen und auf Tellern anrichten. Die gebratene Tofu-Paprika-Nuss-Mischung darüber geben und servieren.

TIPP: Salatdressings lassen sich sehr gut gleich in größerer Menge (z. B. doppelte Rezeptur) für mehrere Tage zubereiten. Gekühlt aufbewahren.

Rote-Bete-Kürbis-Süppchen mit Karotten-Mandel-Sahne

Für 4 Personen
Zubereitungszeit: 25 Minuten

- 400 g Rote Bete (roh)
- 200 g Kürbis (z. B. Hokkaido)
- 2 Zwiebeln
- 3 EL Rapsöl
- 750 ml Gemüsebrühe
- 2 Karotten
- 20 g Butter
- 50 g Mandelblättchen
- 100 g Sahne
- Salz, Pfeffer und Muskat nach Geschmack

1 Portion (ca. 425 g): 355 kcal, 6,42 g Eiweiß (7,3 E%), 30 g Fett (75,8 E%), 14,8 g Kohlenhydrate (16,9 E%)

01 Die Rote Bete waschen, schälen (am besten mit Handschuhen, da der Farbstoff von Roter Bete die Hände verfärbt) und fein würfeln. Kürbis, waschen, entkernen und das Fleisch ebenfalls in feine Würfel schneiden. Die Zwiebeln schälen und auch fein würfeln.

02 Das Rapsöl in einem Topf erhitzen und die Zwiebeln darin glasig anbraten. Die Rote Bete und den Kürbis dazugeben und 2–3 Minuten andünsten. Mit der Gemüsebrühe ablöschen und für 8–10 Minuten köcheln lassen.

03 Die Rote-Bete-Kürbis-Mischung in ein hohes Gefäß geben und mit einem Mixer (oder Pürierstab) fein pürieren. Mit Salz, Pfeffer und Muskat würzen.

04 Karotten schälen und mit einem Hobel in dünne Streifen (Fäden) raspeln. Butter in einer Pfanne erhitzen und die Karottenstreifen darin für 3–4 Minuten glasig anschwitzen. Mandelblättchen in einer weiteren Pfanne ohne Fett 1–2 Minuten anrösten. Die Sahne steif schlagen.

05 Das Süppchen mit der Sahne, den Karottenstreifen und den Mandelblättchen als Topping in einem tiefen Teller servieren.

TIPP: Die Kerne des Hokkaidokürbis können Sie in einer Pfanne ohne Fett 3–4 Minuten anbraten und über die Suppe geben oder auch für Ihren nächsten Salat aufheben.

Würzige Rosenkohl-Möhren-Chips

Für 4 Personen
Zubereitungszeit: 15 Minuten

- 500 g frischer Rosenkohl
- 300 g Möhren
- 4 EL Olivenöl
- Paprikapulver (edelsüß), Meersalz und Pfeffer nach Geschmack

1 Portion (ca. 185 g): 150 kcal, 5,1 g Eiweiß (13,9 E%), 10,5 g Fett (63,2 E%), 8,4 g Kohlenhydrate (22,9 E%)

01 Backofen auf 180° Umluft vorheizen.

02 Rosenkohl waschen, den Strunk entfernen und die Blätter einzeln ablösen. Die Möhren schälen und in feine Scheiben hobeln.

03 Die Rosenkohlblätter und die Karottenscheiben in einer Schüssel mit dem Olivenöl vermischen.

04 Ein Backblech mit Backpapier auslegen und das vorbereitete Gemüse locker darauf verteilen. Ca. 10 Minuten backen, bis die Ränder des Gemüses leicht knusprig sind.

05 Vor dem Servieren die Chips in eine Schüssel geben und nach Belieben mit Paprika, Meersalz und Pfeffer würzen.

TIPP: Anstelle der Möhren können Sie auch Pastinaken verwenden. Zu beiden Varianten schmeckt eine Kräuterfrischkäsecreme. Dazu benötigen Sie: 1 Zwiebel, 2 Knoblauchzehen, 250 g Kräuterfrischkäse (45 % F. i. Tr.), Saft von ½ Zitrone, Pfeffer nach Geschmack. Zwiebel und Knoblauch schälen und in feine Würfel schneiden. Frischkäse mit der Zwiebel und dem Knoblauch in eine Schüssel geben. Den Dip gut verrühren und mit Zitronensaft und Pfeffer abschmecken.

1 Portion Kräuterfrischkäsecreme (ca. 80 g): 120 kcal, 7,2 g Eiweiß (23,6 E%), 8,8 g Fett (66 E%), 3,2 g Kohlenhydrate (10,4 E%)

Grüner Spargelsalat mit Erdbeeren und Nussdressing

Für 4 Personen
Zubereitungszeit: 20 Minuten

- 1 Salatgurke
- 200 g getrocknete Tomaten in Öl (Abtropfgewicht)
- 2 rote Zwiebeln
- 3 Eier (Größe M)
- ½ Bund frischer Schnittlauch
- 800 g frischer grüner Spargel
- 4 EL Spargelwasser
- 50 g Erdnüsse (geschält, geröstet, ungesalzen)
- 50 g Pinienkerne (geschält, geröstet, ungesalzen)
- 1 EL Olivenöl
- 1 EL Aceto balsamico (hell)
- 200 g Erdbeeren
- Salz und Pfeffer nach Geschmack

1 Portion (ca. 460 g): 345 kcal, 16,3 g Eiweiß (19 E%), 24,8 g Fett (65,7 E%), 13,1 g Kohlenhydrate (15,3 E%)

01 Salatgurke schälen, längs halbieren, entkernen und in feine Würfel schneiden. Tomaten in feine Streifen schneiden. Zwiebeln schälen und fein würfeln. Die Eier ca. 8 Minuten hart kochen, abschrecken, schälen und grob würfeln. Schnittlauch waschen und in feine Röllchen schneiden.

02 In der Zwischenzeit den Spargel im unteren Drittel des Stielansatzes sorgfältig schälen und von den Enden ca. 2 cm abschneiden. Den Spargel in reichlich kochendes Salzwasser geben und 4–5 Minuten kochen lassen. Vor dem Abschütteln etwas Kochwasser für die Marinade abnehmen. Den Spargel anschließend abgießen und kurz in kaltem Wasser abschrecken, sodass er lauwarm bleibt.

03 Erdnüsse und Pinienkerne grob hacken und zusammen mit den zerkleinerten Gurken, Tomaten, Zwiebeln und Eiern vermengen. Mit Öl, Balsamicoessig, Spargelwasser sowie einer Prise Salz und Pfeffer würzen. Erdbeeren waschen, vom Strunk befreien und vierteln.

04 Den Spargel in zwei tiefe Teller geben, mit den Erdbeeren belegen und das Nussdressing darüber verteilen. Mit den Schnittlauchröllchen bestreuen.

TIPP: Außerhalb der Spargelsaison, die von Anfang April bis zum 24. Juni dauert, können Sie anstelle des frischen Spargels auch Tiefkühlspargel oder Spargel aus dem Glas verwenden.

Spinat-Kräuter-Süppchen mit Mandelcremeflocken

Für 4 Personen
Zubereitungszeit: 20 Minuten

- 600 ml Gemüsebrühe
- 50 g Butter
- 2 Knoblauchzehen
- 500 g Blattspinat (tiefgekühlt)
- 150 g Crème fraîche
- ½ Bund frische Petersilie
- ½ Bund frischer Thymian
- 50 g Mandelblätter
- 4 EL Frischkäse (Rahmstufe)
- Muskat, Salz und Pfeffer nach Geschmack

1 Portion (ca. 360 g): 360 kcal, 10,3 g Eiweiß (11,3 E%), 33 g Fett (82,1 E%), 6 g Kohlenhydrate (6,6 E%)

01   Gemüsebrühe und Butter in einen großen Topf geben und aufkochen lassen. Den Knoblauch schälen, zusammen mit dem Spinat hinzufügen und etwa 3–4 Minuten köcheln lassen. Die Zutaten anschließend mit einem Stabmixer pürieren.

02   Die Crème fraîche in das Spinatpüree einrühren, alles zusammen weitere 3–4 Minuten köcheln lassen und mit Muskat, Salz und Pfeffer würzen.

03   Die Petersilie und den Thymian waschen, trocken schütteln, fein hacken und unter die Suppe rühren.

04   Die Mandelblättchen in einer Pfanne ohne Fett 2–3 Minuten goldbraun anrösten und mit dem Frischkäse vermischen.

05   Die Suppe zum Servieren in tiefe Teller geben und jeweils mit einigen Klecksen der Mandel-Frischkäse-Mischung dekorieren.

INFO: Mandeln enthalten eine Fülle an wertvollen Inhaltsstoffen – Eiweiß, einfach- und mehrfach ungesättigte Fettsäuren und dazu noch Mineralstoffe wie Kalzium, Kalium, Magnesium und Kupfer sowie B-Vitamine und Vitamin E. Ein regelmäßiger Verzehr wirkt sich positiv auf die Herzgesundheit aus. Aufgrund ihres hohen Eiweiß- und Ballaststoffgehalts sättigen Mandeln gut und sind daher auch bestens als kohlenhydratarme Zwischenmahlzeit geeignet.

Persischer Spinatsalat »Borani«

Für 4 Personen
Zubereitungszeit: 10 Minuten

- 600 g frischer Spinat
- 400 g Joghurt (3,5 % Fett)
- Salz und Pfeffer nach Geschmack

1 Portion (ca. 250 g): 110 kcal, 8,4 g Eiweiß (32,5 E%),
5,1 g Fett (43,4 E%), 6,2 g Kohlenhydrate (24,1 E%)

06   Spinat waschen und in kochendem Salzwasser 2–3 Minuten garen. Anschließend abgießen und unter fließendem kaltem Wasser abschrecken.

07   Die Spinatblätter fein hacken und mit dem Joghurt glatt rühren. Mit Salz und Pfeffer abschmecken.

08   Zum Servieren das »Borani« in tiefen Tellern anrichten.

TIPP: Der Spinatsalat passt sehr gut zu den gebackenen Zucchinikrusteln von Seite 62 oder kann als eigenständiges Gericht verzehrt werden, z. B. als erfrischende leichte Mittagsmahlzeit an einem heißen Sommertag.

Feuriges Selleriecurry in Kokossauce

Für 4 Personen
Zubereitungszeit: 25 Minuten

- 1 Knoblauchzehe
- 3 Zwiebeln
- 800 g Knollensellerie
- 200 g Romanesco
- 150 g Austernpilze
- 3 Chilischoten
- ½ Bund frischer Koriander
- 2 EL Olivenöl
- 2 EL Currypulver
- 450 ml Gemüsebrühe
- 100 ml Kokosmilch
- Saft von 1 Limette
- Salz und Pfeffer nach Geschmack

1 Portion (ca. 400 g): 167 kcal, 5,7 g Eiweiß (13,7 E%), 12,3 g Fett (67,1 E%), 8 g Kohlenhydrate (19,2 E%)

01   Knoblauch und Zwiebeln schälen und fein würfeln. Sellerie putzen, schälen und in 2 cm große Stücke zerkleinern. Romanesco putzen und in kleine Röschen teilen. Austernpilze waschen und in Streifen schneiden. Chilischoten ebenfalls waschen, Strunk und Kerne entfernen, die Schoten fein hacken.

02   Koriander waschen, trocken schütteln, entstielen, einige Blätter für die Garnitur beiseitelegen und den Rest fein hacken.

03   Zwiebeln und Knoblauch in einer heißen Pfanne mit dem Olivenöl 2–3 Minuten anbraten.

04   Romanesco, Pilze und Chili dazugeben und weitere 4–5 Minuten mitbraten. Mit Curry, Salz, Pfeffer und Koriander würzen.

05   Anschließend mit Gemüsebrühe, Kokosmilch und Limettensaft ablöschen. Das Curry ca. 8–10 Minuten zugedeckt köcheln lassen.

06   Zum Servieren das Curry in tiefen Tellern anrichten und mit Koriander garnieren.

INFO: Bei Romanesco handelt es sich um eine Gemüsesorte, die aus einer Kreuzung von Brokkoli und wildem Blumenkohl stammt. Romanesco enthält mehr Vitamin C und Mineralstoffe als der weiße Blumenkohl.

TIPP: Für ein Plus an Omega-3-Fettsäuren auf Ihrem Speiseplan (2,5 g/Portion) können Sie zusätzlich 50 g Leinsamen hinzugeben.

Weißkraut-Avocado-Salat

Für 4 Personen
Zubereitungszeit: 30 Minuten

- 1 Kopf Weißkraut (ca. 600 g)
- 1 rote Zwiebel
- ½ Bund frische Petersilie
- 2 Knoblauchzehen
- 5 EL Aceto balsamico (hell)
- 2 EL Olivenöl
- 1 EL Sesamöl
- 2 EL Sojasauce
- 1 EL Senf (mittelscharf)
- 1 TL Currypulver
- 1 TL Kümmel (gemahlen)
- 2 Avocado
- 30 g Sesamsamen
- 30 g Sonnenblumenkerne
- Salz und Pfeffer nach Geschmack

1 Portion (ca. 280 g): 321 kcal, 7,1 g Eiweiß (8,9 E%), 25,4 g Fett (70,8 E%), 16,1 g Kohlenhydrate (20,3 E%)

01 Weißkraut vom Strunk befreien und in feine Streifen hobeln. Zwiebel schälen und in dünne Streifen schneiden. Petersilie waschen, trocken schütteln und fein hacken. Die Knoblauchzehen schälen und fein pressen.

02 Für das Dressing den Balsamicoessig, Olivenöl, Sesamöl, Sojasauce, Senf, Knoblauch, Currypulver und Kümmel gut vermengen, mit Salz und Pfeffer würzen.

03 Das Weißkraut und die Zwiebelstreifen in eine Schüssel geben und das Dressing darüber geben. Den Salat kräftig durchkneten und ca. 15 Minuten abgedeckt ziehen lassen.

04 Die Avocados halbieren, die Schale entfernen, die Kerne herauslösen und das Avocadofleisch in feine Würfel schneiden. Anschließend zusammen mit der Petersilie zum Weißkraut geben und alles nochmals gut vermengen.

05 Sesamsamen und Sonnenblumenkerne in einer Pfanne ohne Fett 1–2 Minuten anrösten.

06 Zum Servieren den Weißkraut-Avocado-Salat auf Tellern anrichten und mit Sesamsamen und Sonnenblumenkernen bestreuen.

TIPP: »Sesam öffne Dich!« Wer kennt ihn nicht, diesen Zauberspruch, der eine Felsenhöhle öffnet, in der große Schätze verborgen sind. Der Schatz in Sesamsamen ist Kalzium – gut für die Knochengesundheit und den Blutdruck.

Zuckerhutsalat mit Granatapfelperlen und gebratenem Tofumix

Für 4 Personen
Zubereitungszeit: 25 Minuten

- 200 g Tofu (natur)
- 100 g grüne Oliven (aus dem Glas, entsteint)
- 50 g getrocknete Tomaten
- 100 g Radieschensprossen
- 100 g Cashewkerne
- 2 EL Rapsöl
- 1 Kopf Zuckerhutsalat (ca. 400 g)
- 50 g Joghurt (1,5 % Fett)
- 2 Granatäpfel
- 1 EL Sojasauce
- 1 EL Aceto balsamico (dunkel)
- ½ Bund frischer Kerbel
- Currypulver, Salz und Pfeffer nach Geschmack

1 Portion (ca. 285 g): 340 kcal, 13,5 g Eiweiß (16 E%), 23,6 g Fett (63,6 E%), 17,2 g Kohlenhydrate (20,4 E%)

01   Tofu in 1 cm große Würfel schneiden. Die Oliven abtropfen lassen und vierteln. Die Tomaten in feine Streifen schneiden. Die Sprossen kurz unter fließendem Wasser abspülen.

02   Eine beschichtete Pfanne erhitzen, die Cashewnüsse darin ca. 1 Minute ohne Fett anrösten und danach aus der Pfanne nehmen.

03   Anschließend Öl in die heiße Pfanne geben, Tofu ca. 1–2 Minuten scharf darin anbraten und mit Currypulver, Salz und Pfeffer würzen. Radieschensprossen, Oliven und Tomaten dazugeben und alles weitere 4–5 Minuten braten.

04   Zwischenzeitlich den Zuckerhutsalat in feine Streifen schneiden. Diese waschen, gut abtropfen lassen und anschließend mit Joghurt, Salz und Pfeffer marinieren.

05   Den Zuckerhutsalat auf Tellern anrichten.

06   Granatäpfel halbieren und die Granatapfelkerne mit einem Löffel herauslösen.

07   Den Tofumix mit der Sojasauce und dem Balsamicoessig abschmecken und über den Zuckerhutsalat verteilen.

08   Kerbel waschen, zupfen und zusammen mit den Cashewnüssen und den Granatapfelperlen über den Salat und das Tofumix streuen.

INFO: Der Zuckerhutsalat ist vorwiegend ein Herbst- und Wintersalat und dann frisch erhältlich, wenn andere Salatsorten nur aus dem Treibhaus zur Verfügung stehen. Er ist oben spitz zulaufend und eng verwandt mit Chicorée und Radicchio. Alternativ kann für dieses Gericht auch Eisbergsalat verwendet werden.

Gebackene Zucchinikrusteln

Für 4 Personen
Zubereitungszeit: 35 Minuten

- 200 g Tomaten
- 2 Zwiebeln
- 2 Knoblauchzehen
- 240 g Kidneybohnen (Dose, Abtropfgewicht)
- 2 g Oregano (getrocknet, ca. 1 EL)
- 2 g Thymian (getrocknet, ca. 1 EL)
- 80 g Emmentaler Käse
- 80 g Blauschimmelkäse (z. B. Bavaria blu)
- 80 g gemahlene Walnüsse
- 100 g Frischkäse (Magerstufe)
- ½ Bund frische Petersilie
- 500 g Zucchini
- Salz, Pfeffer und Paprika nach Geschmack

1 Portion (ca. 360 g): 410 kcal, 25 g Eiweiß (24,8 E%), 26 g Fett (58,5 E%), 16,9 g Kohlenhydrate (16,7 E%)

01 Backofen auf 180° Umluft vorheizen.

02 Tomaten waschen, halbieren, vom Strunk befreien und in 2 cm große Würfel schneiden. Zwiebeln und Knoblauch schälen und fein würfeln. Die Kidneybohnen in einem Sieb abgießen. Tomaten, Zwiebeln, Knoblauch, Kidneybohnen, Oregano, Thymian vermengen und in eine Auflaufform geben.

03 Den Emmentaler reiben, den Blauschimmelkäse fein würfeln und beide Käsesorten mit den Haselnüssen und dem Frischkäse vermengen.

04 Petersilie waschen, fein hacken und zusammen mit einer Prise Salz, Pfeffer und Paprika zum Käse geben und alles gut vermischen.

05 Die Zucchini waschen, die Enden abschneiden und die Zucchini anschließend in ca. 2 cm dicke Scheiben schneiden. Diese mit der Käsemasse bestreichen und auf die Tomaten-Bohnen-Masse in die Auflaufform setzen.

06 Im Backofen (Mitte) ca. 18–20 Minuten backen.

07 Zum Servieren die Zucchinikrusteln auf dem Tomaten-Bohnen-Sugo anrichten.

INFO: Walnüsse haben einen hohen Gehalt an Omega-3-Fettsäuren. Außerdem versorgen sie uns mit B-Vitaminen und Vitamin E und Mineralstoffen wie Kalium, Kalzium, Magnesium oder den Spurenelementen Zink und Eisen.

TIPP: Am längsten frisch bleiben Walnüsse, wenn sie in der Schale sind. Solange sie nicht unter Saunabedingungen oder in der prallen Sonne gelagert werden, halten sie über viele Monate, ohne dass sie an Frische verlieren. Walnusskerne oder gehackte Walnüsse sind dagegen nur bis zu vier Wochen haltbar und das auch nur dann, wenn sie kühl, trocken, luftdicht und dunkel gelagert werden. Geschälte Walnüsse können Sie auch einfrieren. Gut verpackt sind die Nüsse so bis zu zwölf Monate haltbar.

Zucchinistreifen in Knoblauchcreme

Für 4 Personen
Zubereitungszeit: 15 Minuten

- 1,2 kg Zucchini
- 3 Knoblauchzehen
- ½ Bund frischer Basilikum
- 100 g Parmesan
- 3 EL Olivenöl
- 4 EL Crème fraîche mit Kräutern
- Salz und Pfeffer nach Geschmack

1 Portion (ca. 400 g): 265 kcal, 13,3 g Eiweiß (20,1 E%),
19,9 g Fett (68,4 E%), 7,6 g Kohlenhydrate (11,5 E%)

01   Zucchini waschen, Enden abschneiden und die Zucchini anschließend längs mit einem Streifenhobel in dünne lange Streifen (ähnlich Spaghettini) schneiden. Alternativ können die Zucchini auch mit einem Sparschäler in dünne lange Streifen geschnitten werden. Knoblauch schälen und fein würfeln. Basilikum waschen, trocken schütteln, entstielen und in feine Streifen schneiden. Parmesan raspeln.

02   Olivenöl in einer beschichteten Pfanne erhitzen und darin die Knoblauchwürfel 1–2 Minuten anbraten. Anschließend die Hitze reduzieren und die Zucchinistreifen hinzugeben. Unter mehrfachem Wenden die »Zucchininudeln« ca. 5–6 Minuten garen. Mit Salz und Pfeffer würzen.

03   Kurz vor Ende der Garzeit Crème fraîche und Parmesan unterheben.

04   Zum Servieren die Zucchinistreifen in tiefen Tellern anrichten und mit Basilikum bestreuen.

INFO: Zucchini bestehen zum größten Teil aus Wasser, aber sie enthalten auch Eiweiß, Ballaststoffe, Kalzium, Kalium, Magnesium und Eisen. Darüber hinaus liefern Zucchini die Vitamine A und C.

Zucchinikuchen mit Lauchgemüse

Für 4 Personen
Zubereitungszeit: 60 Minuten

Für den Zucchinikuchen:
- 100 g getrocknete Tomaten (in Öl)
- 1 Bund Frühlingszwiebeln
- 200 g Zucchini
- 1 Bund frische Blattpetersilie
- 500 g Magerquark
- 3 Eier (Größe M)
- 100 g Parmesan (gerieben)
- 2 EL Hartweizengrieß
- 1 TL Öl zum Auspinseln der Form
- Paprikapulver (edelsüß), Salz, Pfeffer nach Geschmack

Für das Lauchgemüse:
- 4 große Stangen Lauch
- 4 Schalotten
- 2 EL Rapsöl
- 6 EL Kaffeesahne (10 % Fett)
- ½ TL Korianderkörner
- Salz und Pfeffer nach Geschmack

1 Portion (ca. 450 g): 450 kcal, 35,5 g Eiweiß (32,1 E%), 25,5 g Fett (52,3 E%), 17,3 g Kohlenhydrate (15,6 E%)

01   Die Tomaten in ein Sieb abgießen. Das Öl in einer Schüssel auffangen. Anschließend die Tomaten fein würfeln, Frühlingszwiebeln putzen, waschen und in feine Ringe schneiden. Zucchini waschen, putzen und mit einer Gemüsereibe fein raspeln.

02   Backofen auf 180° Umluft vorheizen.

03   Petersilie waschen, trocken schütteln und die Blättchen abzupfen. Etwa zwei Drittel davon fein hacken.

04   Das Tomatenöl in einer beschichteten Pfanne erhitzen. Frühlingzwiebeln und Zucchini darin ca. 2–3 Minuten andünsten und anschließend erkalten lassen. Mit Salz und Pfeffer würzen.

05   Eine feuerfeste Form (rund, 18–20 cm Durchmesser) mit Öl einfetten. Den Quark mit den Eiern glatt rühren, Parmesan und Grieß einrühren. Tomaten, Frühlingszwiebeln, Zucchini und die gehackte Petersilie untermischen. Die Quarkmasse mit Salz und Pfeffer kräftig würzen. In die Form füllen und glatt streichen.

06   Den Gemüse-Quark-Kuchen im Backofen 30–35 Minuten backen, bis die Masse goldgelb gebräunt ist.

07   In Zwischenzeit den Lauch putzen, längs halbieren, waschen und in feine Streifen schneiden. Schalotten schälen und fein würfeln. Das Öl in einer Pfanne erhitzen und darin den Lauch 3–4 Minuten andünsten. Mit Salz und Pfeffer abschmecken. Die Kaffeesahne zusammen mit den Schalottenwürfeln und Korianderkörnern zum Lauch geben und unterrühren.

08   Den Kuchen aus dem Ofen nehmen und 5 Minuten ruhen lassen. Mit etwas Paprikapulver bestäuben, anschließend in Stücke schneiden und zusammen mit dem Lauchgemüse warm servieren.

Zucchini-Ingwer-Reibekuchen mit Paprikaquark

Für 4 Personen
Zubereitungszeit: 20 Minuten

- 400 g Zucchini
- 100 g Möhren
- 1 Stange Lauch
- ½ Ingwerknolle (walnussgroß)
- 4 Eier (Größe M)
- 2 rote Paprika
- ½ Bund frischer Schnittlauch
- 400 g Quark (Magerstufe)
- Saft von 1 Zitrone
- 2 EL Leinöl
- 3 EL Olivenöl
- Muskat, Salz und Pfeffer nach Geschmack

1 Portion (ca. 400 g): 330 kcal, 24,3 g Eiweiß (30,1 E%), 19,2 g Fett (52,6 E%), 14 g Kohlenhydrate (17,3 E%)

01 Zucchini waschen und fein hobeln. Möhren putzen und ebenfalls fein hobeln. Den Lauch längs halbieren, waschen und in schmale Streifen schneiden. Ingwer schälen und sehr klein würfeln.

02 Eier aufschlagen. Zucchini- und Möhrenraspel, Lauchstreifen und Ingwerwürfel gut mit der Eimasse vermengen und alles mit Muskat, Salz und Pfeffer würzen.

03 Paprika halbieren, entkernen, waschen und fein würfeln.

04 Schnittlauch waschen, trocken schütteln und in feine Röllchen schneiden. Den Schnittlauch mit Quark, Paprikawürfeln, Zitronensaft, Leinöl, Salz und Pfeffer verrühren.

05 Das Olivenöl in einer Pfanne erhitzen und die Zucchinimasse mit einem Esslöffel portionieren und zu Reibekuchen formen. Die Reibekuchen von beiden Seiten jeweils ca. 4–5 Minuten goldbraun braten.

06 Die Reibekuchen zusammen mit dem Paprikaquark servieren.

Impressum

Die Marke LOGI sowie die LOGI-Methode sind für die Systemed GmbH, 44534 Lünen, geschützt.

Redaktion:	systemed Verlag, Lünen
	systemed GmbH, Kastanienstr. 10, 44534 Lünen
Lektorat:	Susanne Bader, Weißach
Fotografie:	Studio Reiner Schmitz, München
Foodstyling:	Marcel Sumpf, München
Umschlaggestaltung:	Hauptmann & Kompanie Werbeagentur, Zürich
Satz:	A flock of sheep, Lübeck
Druck:	Druckerei Uhl, Radolfzell
ISBN:	978-3-95814-005-9

1. Auflage